운동영양학

최병범 · 이혜정 공저

histidine
alanine
isoleucine
arginine
leucine
asparagine
lysine
aspartic acid
methionine
cysteine
phenylalanine
glutamic acid
threonine
glutamine
tryptophan
glycine
valine
proline
serine
tyrosine

Sport
Nutrition
Science

문운당

머/리/말

현대인들에게 건강은 이제 가장 중요한 관심사 가운데 하나가 되었고 현대 사회에서 운동은 생활의 일부가 되고 있다. 특히, 학문 통섭시대를 살아가고 있는 이 시대에, 운동과 영양의 관계가 새롭게 주목받고 있다.

운동을 할 수 있는 에너지가 식품에서 나오고 식품의 대사, 즉 영양과의 관계가 점점 명확히 밝혀지고 있어 정확한 영양학적인 지식과 운동 또는 경기 성적이나 훈련 효과 등에 미치는 영향이 커지고 있어, 필자들은 대학의 교육 과정에서 운동과 관련된 영양학 등의 학문을 보다 쉽게 이해할 수 있도록 총괄적으로 학습할 교과목의 필요성을 공감하여 이에 운동 영양학을 저술하였다.

운동 영양학(sport nutrition)은 일반인의 건강 증진과 운동선수의 경기력 향상을 위해 운동에 영양학적 원리를 적용하는 학문으로 관련 학문인 영양학, 생리학 생화학, 식사요법 등과 밀접한 관계를 맺고 있다. 이 책은 제1장 서론, 제2장 운동과 에너지, 제3장 운동과 탄수화물, 제4장 운동과 지질, 제5장 운동과 단백질, 제6장 운동과 비타민, 제7장 운동과 무기질, 제8장 운동과 수분 및 전해질, 제9장 운동과 근육, 제10장 운동과 체중조절 등으로 구성되어 있다.

이 책의 세부적인 내용을 살펴보면, 운동과 관련된 인체의 에너지대사에 대해서 이해하는 데 도움이 되도록 그림과 함께 설명했으며, 탄수화물, 지질, 아미노산 및 단백질 등이 운동 에너지원으로서의 기능과 대사, 그리고 운동과 관련된 식이에 대해 서술하였고, 무기질과 비타민이 운동시 생리적인 기능 및 대사 등에 대해 서술하였다. 또한 운동시 관련된 근 수축과 에너지대사의 불균형, 비만 치료의 운동 요법에 대해서 서술하였다.

끝으로, 부족하고 다듬어야 할 곳이 많이 있으리라 생각하지만 많은 분들의 충고와 비평을 기대하면서, 아울러 기회가 주어질 때마다 바로 잡고 다듬어 보다 알찬 책으로 만들어 나갈 것을 약속드린다.

이 책이 출판되기까지 깊은 관심과 애정을 가지고 애써주신 문운당 주옥경 편집국장님을 비롯하여 관계자 여러분께 깊은 감사를 드린다.

2012년 2월
저자 일동

Contents

제 1 장 서 론

1-1 운동과 체력

신체활동은 근육의 수축과 이완으로 크게 비정형적 신체활동과 정형적 신체활동으로 구분한다. 비정형적 신체활동은 흔히 일상 활동이며 정형적 신체활동은 프로그램으로 계획된 활동으로, 이를 운동이라 한다. 운동의 건강 증진효과는 운동을 하면 일반적으로 호르몬이 방출되어 체내 대사활동을 자극하고 대사물질을 생성하여 신체 조직에 긍정적 영향을 주기 때문이다. 또한 체력은 신체활동에 대한 개인 능력으로 크게 건강 관련 체력과 운동 관련 체력으로 구분한다. 건강 관련 체력은 체중, 신체구성, 심폐기능, 유연성, 혈압, 골밀도 등으로 나타나며 운동 관련 체력은 근력, 지구력, 파워, 스피드 등으로 나타낸다(그림 1-1).

그림 1-1 건강 관련 체력

1.2 영양과 영양소

영양은 식품의 체내 이용 과정으로 대사를 통해 식품성분이 영양소로 전환된다. 6대 영양소는 당질, 지방, 단백질, 비타민, 무기질, 물 등이며(그림 1-2) 이들 영양소는 에너지 제공, 성장과 발달 촉진, 대사조절 등과 같은 역할을 수행한다. 영양소는 필수 영양소와 비필수 영양소로 구분하며 필수 영양소는 체내에서 합성할 수 없어 음식물로 공급하는 영양소로 아미노산, 비타민, 무기질 등이 있다. 또한 영양소는 다량 영양소와 미량 영양소로 구분하는데 당질, 지방, 단백질, 물 등은 다량 영양소, 비타민, 무기질 등은 미량 영양소이다.

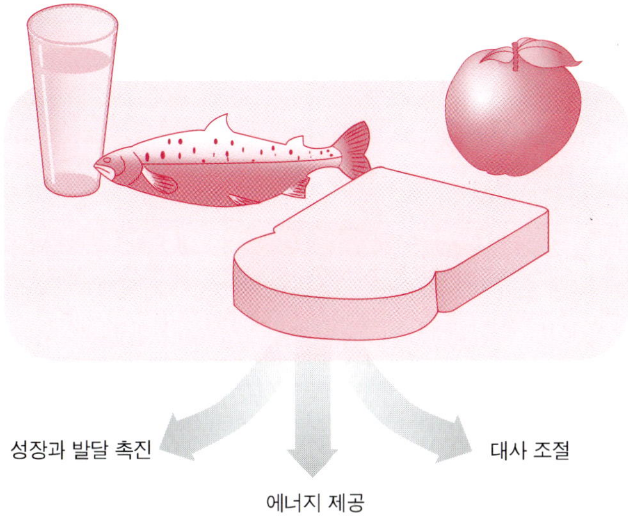

그림 1-2 영양소의 기능

1.3 운동 영양학

운동 영양학은 운동에 영양학적 원리를 적용하여 경기력을 향상시키는 학문이다. 성공적인 운동의 조건에는 유전적 환경과 훈련 이외에도 영양이 반드시 필요하다. 훈련시 영양은 최적 경기력에 매우 중요하며 최적 영양 상태 유지는 균형적인 식습관을 통해 가능하며, 훈련 후 빠른 회복과 경기 중 적정성을 위한 식사전략이 필요하다. 시합시 영양은 체내 에너지원 및 에너지 체계와 밀접한 관계를 가지며 운동강도, 운동시간, 훈련에 의해 영향을 받는다.

1.4 운동의 종류

1.4.1 유산소 운동

유산소 운동은 산소를 소모하는 규칙적인 신체활동으로 근육수축시 반드시 체내에 산소를 공급해야 하는 운동이다. 유산소 운동은 산소를 공급받아야만 세포 내 미토콘드리아에서 에너지를 생성할 수 있다. 유산소 운동은 산소가 충분히 공급된 상태가 되면 무산소 운동과 달리 피로물질인 젖산이 축적되지 않기 때문에 탄수화물, 지질, 단백질 등 에너지원이 고갈되지 않는 장시간 운동, 즉 지구력 운동을 계속할 수가 있다.

1.4.2 무산소 운동

무산소 운동은 산소의 공급 없이도 체내에서 에너지를 생성하여 하는 운동으로 산소를 공급받을 여유가 없는, 즉 높은 운동강도에서 실시하는 근력(파워)운동이다. 무산소 운동은 유산소 운동에 비해 에너지원은 탄수화물만 사용하고 젖산을 생성하여 에너지 효율이 낮아 운동을 오래 지속할 수 없는 단점이 있다.

1.5 운동 에너지원과 영양소

운동의 에너지원이 되는 영양소는 당질, 지질, 단백질이다(그림 1-3). 고강도의 운동에는 주로 당질, 장시간에 걸쳐 저강도의 운동을 할 때에는 당질, 지질 및 단백질(아미노산)이 사용된다. 이들 영양소는 골격근에서 대사되어 ATP를 생성하므로 근육수축의 에너지원이 된다.

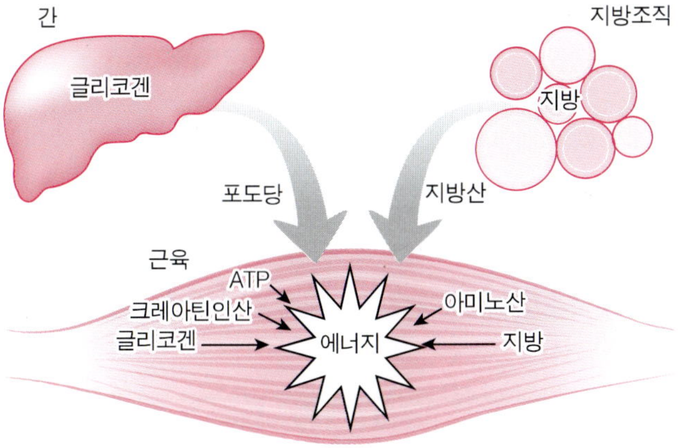

그림 1-3 운동에 이용되는 주요 에너지원

1.5.1 당 질

당질은 운동선수의 에너지원으로서 가장 중요하며 무산소 운동이나, 유산소 운동 모두의 에너지원이된다. 체내에서 당질은 간과 골격근에서 글리코겐으로 저장되어 있고 그 양은 간에서 400 kcal 정도, 골격근에서는 1,500 kcal 정도이다.

1.5.2 지 질

지질은 장시간에 걸친 유산소 운동의 주요 에너지원이다. 체내에서 지질은 혈액, 골격근, 지방조직에 중성지방으로 존재하고 있다. 지질은 유산소 조건에서 β-산화와 TCA 회로를 통해 대사되어 많은 ATP를 생성하며, 많은 에너지를 저장할 수 있다. 한편, 지질은 당질과 달리 산소가 공급되지 않으면 ATP를 생성할 수 없고, 중추신경계의 에너지원이 될 수 없다.

1.5.3 단백질

단백질은 운동의 에너지원보다는 인체의 구성성분의 역할이 더 중요하지만, 장시간의 유산소 운동에서는 체내 단백질도 분해되어 에너지를 공급한다.

단백질의 분해로 생성된 아미노산 중, 당생성 아미노산(glucogenic amino acid)은 당신생과정의 기질로 되어 중추신경계의 에너지원으로 작용하고, 분지쇄 아미노산(branched chain amin acid, BCAA)은 골격근에서 분해되어, 주로 운동의 에너지원으로 작용한다.

1.5.4 운동과 영양소의 이용비율

운동 중에 당질, 지질, 단백질이 이용되는 비율은 운동의 강도와 지속시간에 따라 결정된다. 휴식 또는 안정시 대부분의 에너지소비량은 지질 관련 유산소 에너지대사가 차지하나, 운동을 시작하면 활동근육의 에너지 필요량의 증가에 따라 산소 소모량이 증가한다. 즉, 운동강도가 증가하면, 산소 소모량(VO_2)은 비례적으로 증가한다. 고강도 단시간 운동의 에너지원과 에너지 체계는 당질(근육글리코겐), 젖산계이며 저강도 장시간 운동의 에너지원과 에너지 체계는 지방(지방산), 유산소계이다.

1.6 운동 향상능력을 위한 영양권장량

1.6.1 훈련 중 식사

1일 90분 이상 훈련시 1일 영양권장량은 열량은 남성의 경우 체중 1 kg당 50 kcal, 여성은 체중 1 kg당 45 kcal이다. 당질은 총열량의 60%(복합당질 45%, 단순당질 15%), 체중 1 kg당 9 g, 지방은 총열량의 25%, 체중 1 kg당 1 g, 단백질은 총열량의 15%, 체중 1 kg당 1.6 g, 수분은 운동 시작 2시간 500 mL가 필요하다.

1.6.2 경기 전 식사

경기 전 식사는 경기 3~4시간 전에는 과일, 야채, 곡류 등 복합당질 위주로 하며, 이는 소화를 용이하고 빠르게 하며, 위에 대한 통증을 없게 한다(표 1-1). 경기 1시간 전에는 당질 섭취를 금지하는데 이는 인슐린 작용으로 인한 혈당 감소를 막기 위함이다.

표 1-1 경기 전 식사(500~600 kcal)

식사 A	식사 B
오렌지주스 1잔	저지방 요구르트 1컵
오트밀 1그릇	바나나 1개
젤리와 토스트 2조각	토스트 베이글 1개
탈지우유 복숭아 1조각	칠면조 가슴살 약 28 g
	건포도 1 1/2컵

1.6.3 경기 중 식사

경기 중 15분마다 5% 당질음료 240 mL(당질 12 g, 50 kcal)의 섭취가 필요한데 이는 당질 섭취가 근육에 포도당 공급하여 지구력을 증가시키기 때문이다. 근육은 에너지원인 근육글리코겐이 고갈되면 근육이 혈당을 이용하여 저혈당 증세가 발생하며 이에 따라 근육 피로가 야기된다.

1.6.4 경기 후 식사

경기 후 근육글리코겐 재저장을 위해 당질 위주의 식사가 필요하다. 바나나 1개와 건포도 1스푼은 각각 5 g, 10 g의 당질을 함유하고 있어 운동 직후 식혜 2컵과 건포도 2스푼, 오렌지주스 1컵과 빵 1개 섭취는 300 kcal에 해당한다.

단백질은 인슐린 분비를 자극시키므로 당질 3 g과 단백질 1 g의 비율로 김밥, 참치샌드위치, 밥과 생선, 우유와 시리얼 등처럼 당질과 단백질을 함께 섭취하는 것이 신속한 글리코겐 합성을 위해 바람직하다.

무기질의 경우, 나트륨(Na)은 보통의 식사로 보충이 가능하며, 칼륨(K)은 오렌지주스 1컵(200 mL)에 300 mg이 포함되어 있어 2시간 30분 정도의 마라톤 경기는 칼륨이 600 mg 정도 손실되기 때문에 오렌지주스 2컵(400 mL)이면 충분히 보충된다.

제 2 장 운동과 에너지

2.1 에너지

에너지란 일할 수 있는 능력으로 운동 수행능력의 척도이다. 인체의 에너지원은 음식물 또는 식품으로, 체내에서 식품에너지는 대사를 통해 화학에너지로 전환된다. 식품에너지의 단위는 칼로리(cal)로, 1칼로리는 1 g의 물을 1℃ 올리는 데 필요한 열량으로 정의한다. 화학에너지의 단위는 ATP (adenosine triphosphate)이며 1 ATP는 7.3 kcal에 해당한다.

1 g의 당질은 4.30 kcal에 해당하나 체내 흡수율이 97%이기 때문에 실제 에너지는 $4.30 \times 0.97 = 4$ kcal에 해당한다. 마찬가지로, 1 g의 지방과 단백질도 각각 9.45, 5.65 kcal에 해당하나, 체내 흡수율이 각각 95, 92%이기 때문에 실제 에너지는 $9.45\ C \times 0.95 = 9$, $5.65\ C \times 0.92 = 4$ kcal에 해당한다. 1 g의 알코올은 7.00 kcal에 해당하며 체내 흡수율이 100%이기 때문에 실제 에너지도 $7.00\ C \times 1.00 = 7$ kcal이다.

2.2 인체의 에너지

2.2.1 인체의 에너지 저장량

인체의 에너지는 주로 간, 근육, 지방조직, 혈액 등에 저장되어 있다. 체내 에너지는 ATP 1 kcal, 크레아틴인산(phosphocreatine, PCr) 4 kcal, 혈당 20 kcal, 간과 근육글리코겐 400 kcal, 1,500 kcal, 근육단백질 30,000 kcal, 지방조직의 중성지방 80,000 kcal 정도를 저장하고 있다(표 2-1).

2.2.2 인체의 에너지 시스템

(1) ATP-PCr계

운동, 즉 근육수축의 직접적인 에너지원은 1ATP이다. ATP는 생체에너지의 기본단위로써 모든 세포에 존재한다. 인체는 ATP가 ADP로 분해될 때에 방출되는 화학에너지를 여러 가지 반응에 이용하여 생명활동을 유지하고 있다. 근육수축단백질은 이 화학에너지를 운동에너지로 변환하여 근육수축을 일으킨다. ATP는 모든 체내과정의 에너지로 가수분해시, 7.3 kcal의 에너지를 방출한다(그림 2-1).

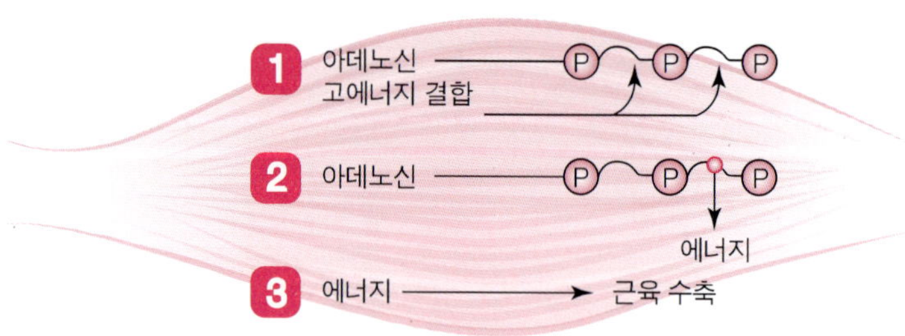

그림 2-1 ATP

표 2-1 인체의 주요 에너지 저장량*

에너지원	주요저장형태	총신체칼로리	총신체킬로줄	이동거리**
ATP	조직	1	4.2	약 16 m
PCr	조직	4	16.8	약 64 m
탄수화물	혈청포도당	20	88	약 320 m
	간글리코겐	400	1,680	약 6.5 km
	근글리코겐	1,500	6,300	약 24 km
지방	혈청유리지방	7	29.2	약 112 m
	혈청중성지방	75	315	약 1.2 km
	근육중성지방	2,500	10,500	약 40 km
	지방조직중성지방	80,000	336,000	약 1287 km
단백질	근단백질	30,000	126,000	약 438 km

* 이 수치는 체지방량, 체력 수준, 다이어트, 개인적인 크기에 따라 극도의 변화를 가지게 될 것이다.

** 달리기시 1.6 km 당 100 kcal의 에너지량.

$$\text{ATP} \rightarrow \text{ADP} + ⓟ,\ 7.3\ \text{kcal}$$

크레아틴인산(phosphocreatine, PCr)은 근육조직에 저장된 고에너지로 근육수축시 에너지 동원능력을 나타낸다(그림 2-2).

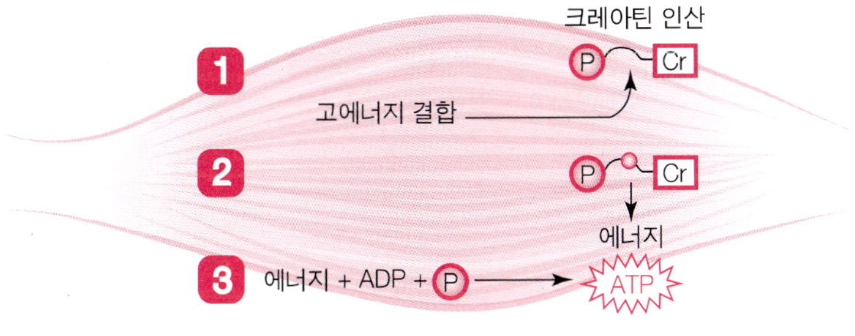

그림 2-2 크레아틴인산 (creatine phosphate)

creatine-ⓟ → creatine + ⓟ, 10.3 kcal

순발력은 PCr로부터 에너지 동원능력을 의미하며, 따라서 ATP-PCr계는 10초 이내의 근육활동 에너지 공급체계이다. 체내에 크레아틴을 섭취하면 골격근의 크레아틴(creatine) 농도가 상승하고, 순발력의 증가를 유도한다.

ATP + creatine ⇌ ADP + creatine-ⓟ(PCr)

(2) 젖산계

젖산계는 무산소 해당과정이며 60초 이내의 근육활동 에너지 공급체계이다(그림 2-3).

Glc → 2 pyruvate → 2 lactate + 2 ATP

젖산계는 근육활동 에너지를 신속하게 공급하며 에너지원이 당질로 단시간 고강도 운동에서 필요하고 필수적으로 젖산 생성이 수반된다. 젖산 축적은 신진대사 저해, 근육 경련 및 피로를 유발하며, 지속적인 훈련을 통해 젖산 축적을 감소시킬 수 있다.

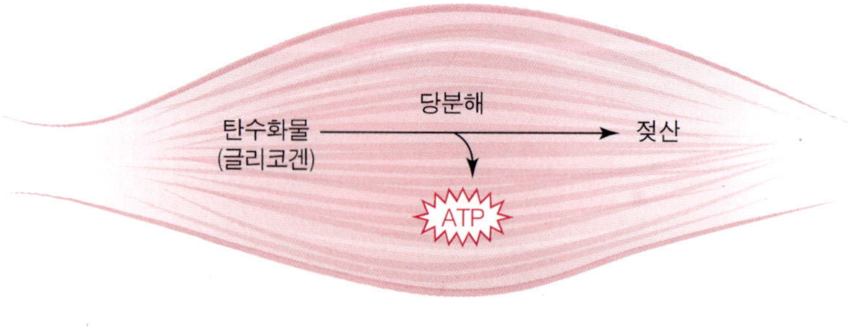

그림 2-3 젖산계

(3) 유산소계

유산소계는 3분 이상의 근육활동 에너지 공급체계로 장시간 저강도 운동에서 필요하며 주요 에너지대사는 TCA 회로로 젖산계와 달리 젖산이 축적되지 않는다. 유산소계의 단시간과 장시간의 에너지원은 각각 당질(포도당)과 지방(지방산)이며 1분자의 포도당은 유산소계에서는 호기적 해당과정을 통해 생성된 피루브산(pyruvate)이 아세틸-CoA(acetyl-CoA)로 전환된 후 TCA 회로와 전자전달계를 거쳐 30~32 ATP를 생성한다(그림 2-4).

$$\text{Glc} \rightarrow 2\ \text{pyruvate} \rightarrow 2\ \text{acetyl-CoA} \rightarrow 6\ CO_2 + 30\text{-}32\ \text{ATP}$$

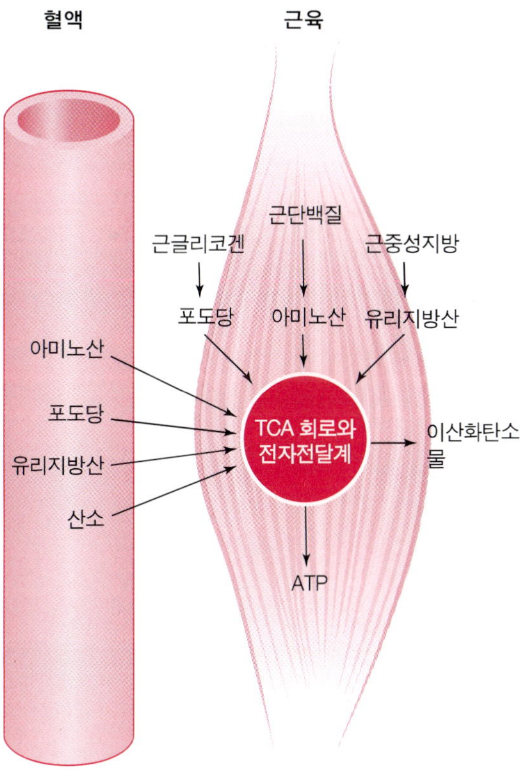

그림 2-4 유산소계

지방은 지방분해로 글리세롤(glycerol)과 지방산(fatty acid)으로 되며 글리세롤은 당신생과정(gluconeogenesis)을 통해 포도당으로 재합성되며 지방산은 β-산화를 통해 아세틸-CoA로 된 후 TCA 회로와 전자전달계를 거쳐 ATP를 생성한다. 한편, 근육글리코겐이 부족한 상태에서 장시간 고강도 운동을 계속할 경우 체내 단백질이 분해되어 유산소계의 에너지원으로 사용된다. 따라서 장시간 고강도 운동선수는 당질 섭취가 중요하며 글리코겐 보충과 지방분해 능력이 향상될수록 근육단백질은 보존이 잘된다. 운동강도가 클수록 근육 내 알라닌 농도는 증가한다.

2.3 에너지대사

2.3.1 에너지대사

대사는 생체에너지의 변화이며 ATP를 합성하는 분해대사와 ATP를 소모하는 합성대사로 구분한다. 열역학 제1법칙인 에너지 불변의 법칙은 흡수된 에너지와 소비된 에너지의 합은 일정하다는 것이다. 에너지 균형이란 흡수에너지와 소비에너지가 동일한 상태이며 에너지 과잉은 흡수에너지가 소비에너지보다 큰 상태인 영양 과잉, 비만을 의미하고 에너지 결핍은 흡수에너지가 소비에너지보다 작은 상태인 영양 결핍, 영양 실조를 나타낸다.

흡수에너지는 음식물 또는 식품인 에너지원으로 성인의 1일 에너지권장량은 평균 2,300 kcal(남성 2,500 kcal, 여성 2,000 kcal) 정도로 권장비율은 탄수화물 65%, 단백질 15%, 지질 20%이다. 소비에너지는 총 1일 에너지소비량을 의미하며 기초대사량(BMR) 60~70%, 활동대사량(TEE) 15~30%, 식이성 발열효과(TEF) 10%, 적응대사량(AT) 7%의 비율이다(그림 2-5).

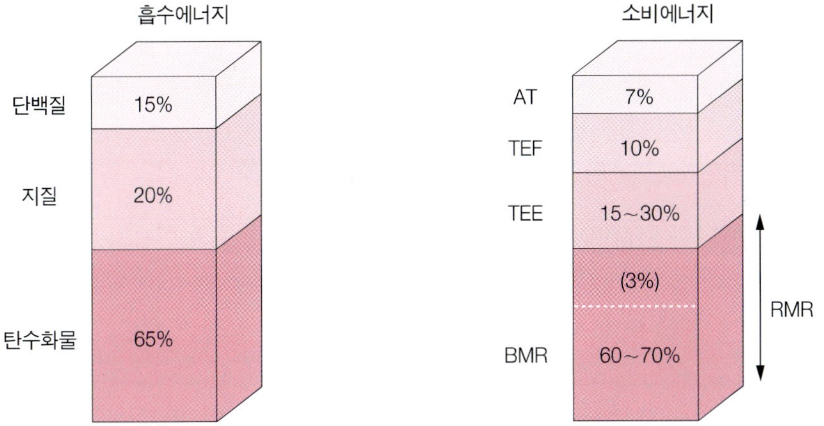

그림 2-5 흡수와 소비에너지

2.3.2 에너지소비량

(1) 기초대사량(BMR)

BMR은 신체의 기본적 대사에 필요한 최소한의 에너지이며 식사 후 12시간 경과한 다음 측정한다. BMR은 남성, 여성 각각 1 kcal/h/kg, 0.9 kcal/hr/kg에 해당한다.

(2) 안정대사량(RMR)

RMR은 안정시 에너지소비량이며 근육대사활동에 비례하고 식사 후 3~4시간 경과한 다음 측정한다. RMR은 BMR+3% 정도에 해당한다.

(3) 활동대사량(TEE)

TEE는 운동성 발열효과라고도 하며 활동에 의한 에너지 소모, 즉 활동에너지이다.

(4) 식이성 발열효과(TEF)

TEF는 식품 이용을 위한 에너지 소모, 즉 식품의 특이동적 작용이다.

(5) 적응대사량(AT)

AT는 환경에 적응하기 위한 에너지 소모이며 자율신경 및 호르몬 변화에 비례한다.

2.3.3 에너지소비량의 영향인자

기초대사량(BMR)은 총 에너지소비량의 70% 정도를 차지하며, 안정한 상태를 유지하기 위해 필요한 안정대사량이다. 기초대사량은 근육, 연령, 성별, 세포활동 등에 의해 영향을 받는다. 기초대사는 주로 근육에서 유래하기 때문에 근육량의 증가는 에너지소비를 효과적으로 높이는 것이 된다.

(1) 체표면적

체표면적은 에너지소비량에 비례하며 체표면적이 증가하면 BMR도 증가한다.

(2) 신체구성

근육조직은 에너지소비량에 비례하며 근육조직이 증가하면 BMR도 증가한다. 이는 근육은 에너지 사용의 주요 장소로서 연료의 연소공장이기 때문이다. 근육조직이 지방조직보다 발달할수록 BMR은 증가하는데 이 또한 남성이 여성보다 BMR이 증가하는 것과 같다. 근육은 10년마다 3 kg 정도씩 감소하며 따라서 나이가 들수록 BMR은 감소한다.

(3) 호르몬

갑상선호르몬, 남성호르몬, 성장호르몬 및 스트레스성 호르몬은 BMR를 증가시키는데 이는 왕성한 세포활동과 관계가 있다. 반면 기아, 단식 등 양 불량 및 수면상태는 세포활동의 저하로 BMR를 감소시킨다. 따라서 체온이 증가하면 BMR은 증가하는데 체온이 1℃ 상승할 때 BMR은 12.6%가 증가한다.

2.3.4 운동시 에너지대사

(1) 근육세포

운동은 골격 근섬유단위로 구성된 근육세포의 에너지대사에 영향을 받는다(그림 2-6). 근섬유는 색의 차이에 따라 적근섬유와 백근섬유로 분류된다. 이러한 색의 차이는 골격근에 존재하는 미오글로빈(myoglobin)의 농도의 차이 때문에 생기는데, 미오글로빈은 헤모글로빈(hemoglobin)이 운반해 온 산소와 결합하여 미토콘드리아에 산소를 공급하는 역할을 한다. 따라서 미오글로빈이 많은 적혈구섬유는 유산소적 대사능력이 뛰어나다. 또한 골격근섬유는 수축 정도에 따라 신속하게 수축하는 속근섬유(fast-twitch fiber, FTF)와 천천히 수축하는 지근섬유(slow-twitch fiber, STF)로 분류할 수 있다.

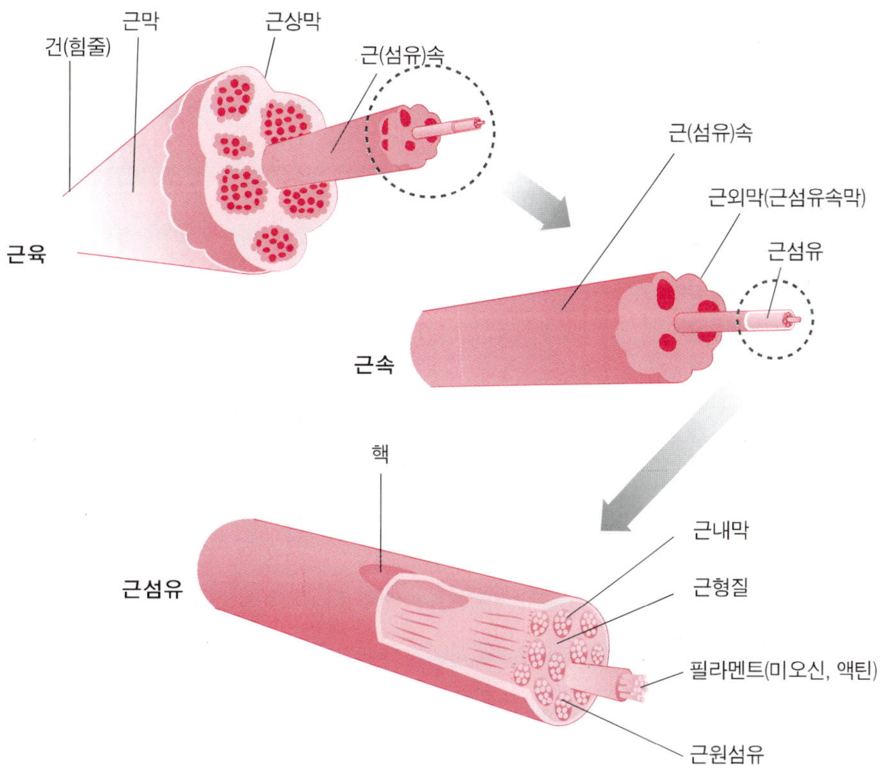

그림 2-6 근육의 단계적 구조

일반적으로 FTF는 백근섬유, STF는 적근섬유이다. FTF는 수축속도가 빨라 혐기적 대사능력이 뛰어나며 무산소성 해당과정을 통해 근력 운동을 수행한다. STF는 수축속도가 느려 호기적 대사능력이 뛰어나며, TCA 회로를 통해 유산소 지구력 운동을 수행한다. 육상의 단거리 선수나 투포환 선수 등은 FTF의 비율이 높으며, STF는 미토콘드리아의 수가 많고, 미오글로빈 함량이나 산화계 효소활성이 높기 때문에 마라톤 등 지구적인 운동에 적합하다. 운동강도가 증가하면 FTF는 증가하며 따라서 해당과정은 촉진되고, TCA 회로는 저해된다.

(2) 운동강도 측정

운동량은 산소섭취량 또는 산소소모량의 측정을 통해 알 수 있다. 산소소모량(VO_2)이란 분당 체중 1 kg을 기준으로 섭취하는 산소량[mL/kg/min]으로 정의한다. 최대산소소모량($VO_{2\ max}$)은 운동강도가 증가해도 더 이상 산소섭취가 증가되지 않는 양으로 운동 중 산소를 섭취하고 사용할 수 있는 최대 능력을 나타내며 수축 중인 근육에 산소를 운반하는 시스템의 최대 한계치이다(그림 2-7).

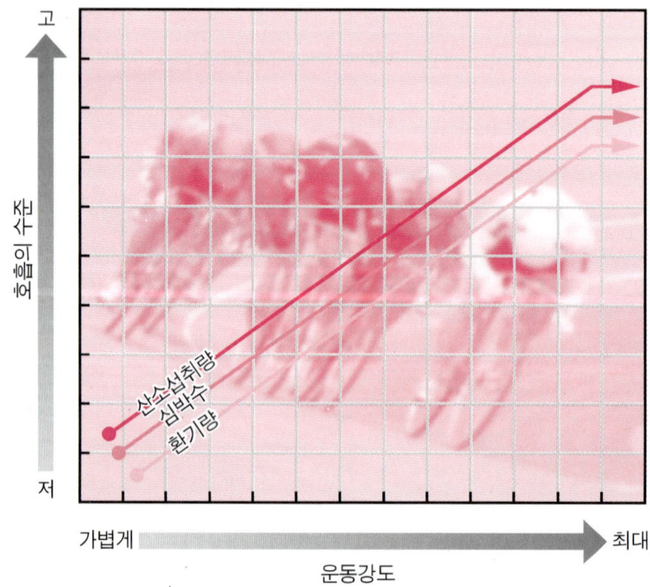

그림 2-7 최대 산소소모량($VO_{2\ max}$)

이러한 $VO_{2\,max}$는 폐활량과 같은 선전적 요인과 훈련 등과 같은 후천적 요인에 의해 영향을 받는다.

산소소모량은 운동강도에 비례하며 특히 운동강도는 최대산소소모량($VO_{2\,max}$)의 %로 표시할 수 있다. 일반적으로 저강도는 $VO_{2\,max}$의 30% 이하, 중강도는 $VO_{2\,max}$의 50% 정도, 고강도는 $VO_{2\,max}$의 70% 이상으로 나타낸다.

(3) 운동시 에너지소비량

산소소모량으로 에너지소비량을 계산할 수 있는데 1분에 1L의 산소 소모는 1분에 5 kcal 소모와 같다.

$$1\ L\ O_2 = 5\ kcal$$

일반적으로 휴식시 평균 산소소모량(VO_2)은 3.5 mL/kg/min이며 이 값은 1대사당량(MET)에 해당한다.

(4) 운동종목별 에너지소비량

운동종목별 에너지소비량은 볼링, 탁구, 배드민턴 등이 2,500~3,000 kcal, 단거리육상, 야구, 테니스 등이 3,000~3,500 kcal, 중거리육상, 핸드볼, 배구 등이 3,500~4,000 kcal, 축구, 농구, 검도 등이 4,000~4,500 kcal, 마라톤, 럭비, 수영 등이 4,500~5,000 kcal, 보트, 스키, 격투기 등이 5,000~5,500 kcal가 요구된다(표 2-2).

운동선수의 에너지소비량은 운동종목, 신체 크기(체중), 활동 정도에 따라 다른데, 체중 70 kg인 성인이 300 kcal를 소비하는 지구력 운동의 평균 시간은 달리기, 줄넘기, 수영, 걷기에 따라 대략 각각 15, 20, 30, 50분 정도가 소요된다(표 2-3).

표 2-2 운동종목별 에너지소비량

에너지소비량 [kcal]	운 동 종 목
2,500~3,000	체조, 탁구, 배드민턴, 볼링, 다이빙, 펜싱, 승마, 사격, 스케이트
3,000~3,500	육상(단거리, 도약), 야구, 테니스, 복싱(경·중량급), 태권도(경량급), 스키 점프
3,500~4,000	기계체조, 핸드볼, 육상(중거리), 배구
4,000~4,500	축구, 농구, 육상(장거리), 검도, 태권도(중량급), 빙상, 사이클링(트랙경기)
4,500~5,000	육상(마라톤, 투창, 투포환), 럭비, 수영, 사이클링(도로경기), 레슬링(경량급), 유도(경량급)
5,000~5,500	보트, 스키, 레슬링(중량급), 유도(중량급), 태권도(중량급)

표 2-3 300 kcal를 소모하기 위해 필요한 지구력 운동 종류별 운동시간 (70 kg 성인기준)

종 류	강 도	체중 70 kg [kcal/분]
에어로빅	중강도 고강도	43 (7.0) 33 (9.1)
사이클링	5.5 mph(레저) 9.4 mph(레저) 경기	69 (4.4) 44 (6.8) 26 (11.5)
스케이팅		27 (11.1)
줄넘기	70회/분 125회/분 145회/분	27 (11.1) 25 (12.0) 22 (13.6)
노젓기		47 (6.4)
달리기	9.0분/mile 7.0분/mile 5.5분/mile	23 (13.0) 19 (15.8) 15 (20.0)
수영	20yd/분 35yd/분 50yd/분	63 (4.8) 41 (7.3) 26 (10.7)
일상속도로 걷기	아스팔트길 평지	55 (5.5) 54 (5.6)

여기서, 1일 에너지소비량의 공식은 다음과 같으며, 에너지소비량은 기초대사량에 비례하며 연령이 증가할수록 줄어들고, 활동지수가 증가할수록 커진다.

$$A = B(1 + X)C / 0.9$$

A : 1일 에너지소비량
B : 1일 기초대사량(BMR)
X : 활동지수
C : 성별 · 연령별 계수

(5) 산소부채와 과잉 산소소모량(EPOC)

산소부채(oxygen debt)란 운동시작 후 산소소모량이 평형상태에 도달하지 못하고 지연되는 현상으로 가정 평형상태의 산소소모량에서 실제 평형상태의 산소소모량을 뺀 값이다(그림 2-8). 산소부채는 운동에너지에 혐기적 에너지원이 관여하는 것을 나타내며 휴식상태에서 운동상태로 진입하는 에너지는 한 가지 에너지 시스템이 아니라 여러 시스템의 복합작용 결과이다. 반면, 과잉 산소소모량(excess post-exercise oxygen consumption, EPOC)은 운동 종료 후 휴식상태보다 산소소모량이 증가하는 현상으로 이는 운동 종료 후 일시적 대사 유지 때문에 일어난다(그림 2-9).

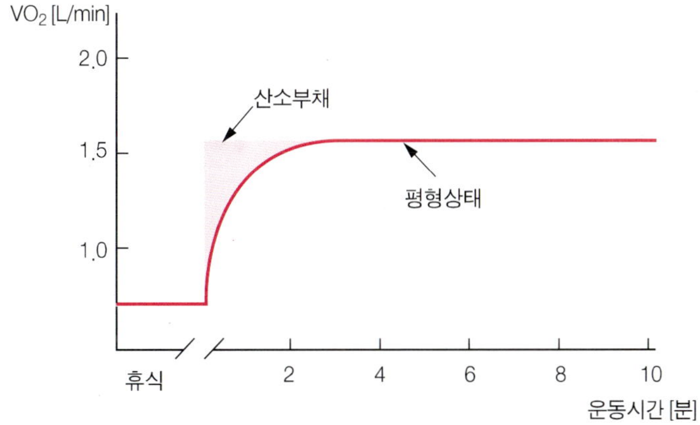

그림 2-8 산소부채 (oxygen debt)

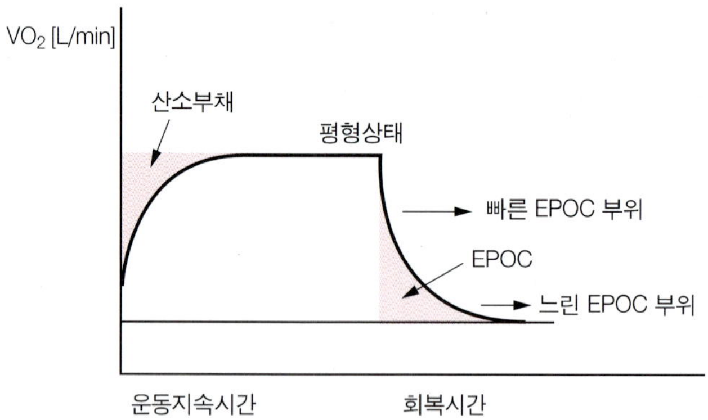

그림 2-9 산소부채와 운동 종료 후의 과잉 산소소모량(EPOC)

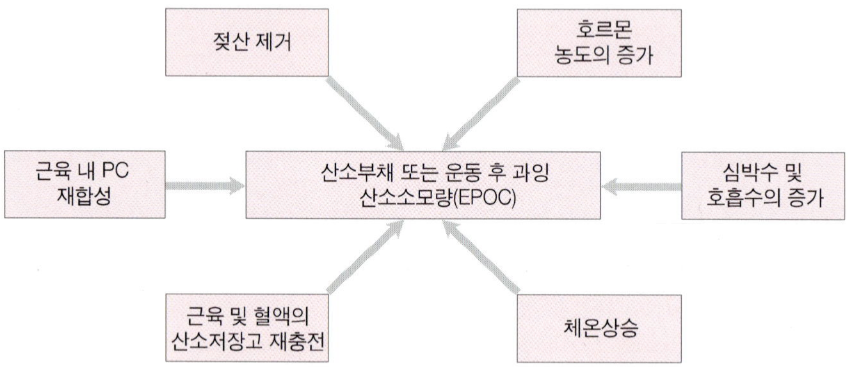

그림 2-10 운동 종료 후 나타나는 과잉 산소소모량(EPOC)을 유발하는 대사적 요인들

EPOC는 체온 상승, 심박동 및 맥박 증가, 근육 내 크레아틴인산(PCr) 재합성, 근육 및 혈액의 산소 재충전, 젖산 제거 및 혈중 에피네프린 증가 등과 같은 대사가 발생하며 이러한 운동 종료 후 대사항진상태의 정도와 지속시간은 특히 운동강도에 영향을 받는다(그림 2-10). EPOC는 저강도 운동보다 고강도 운동에서 지속되는데 이는 고강도 운동이 더 많은 열과 크레아틴인산 및 산소가 필요하고 젖산 및 에피네프린이 증가하기 때문이다.

2.3.5 조직간 에너지대사

(1) 정상 식사

정상 식사시 당질은 소장에서 포도당으로 최종 소화 및 흡수되고 인슐린이 분비된다(그림 2-11). 당질로부터 소화 및 흡수된 혈당은 뇌와 적혈구 등에서 해당과정을 통해 주요 에너지원으로 사용된다. 여분의 혈당은 간과 근육에서 글리코겐으로 저장되며 잉여 혈당은 지방산 합성을 통해 지방조직에서 지방으로 축적된다. 지질은 지질분해효소에 의해 지방산과 글리세롤로 분해된 후 소장에서 흡수된 후 지단백질을 통해 지방조직으로 이동하여 축적된다. 단백질도 아미노산으로 분해되어 소장에서 통과한 후 간에서 조직단백질을 합성한다.

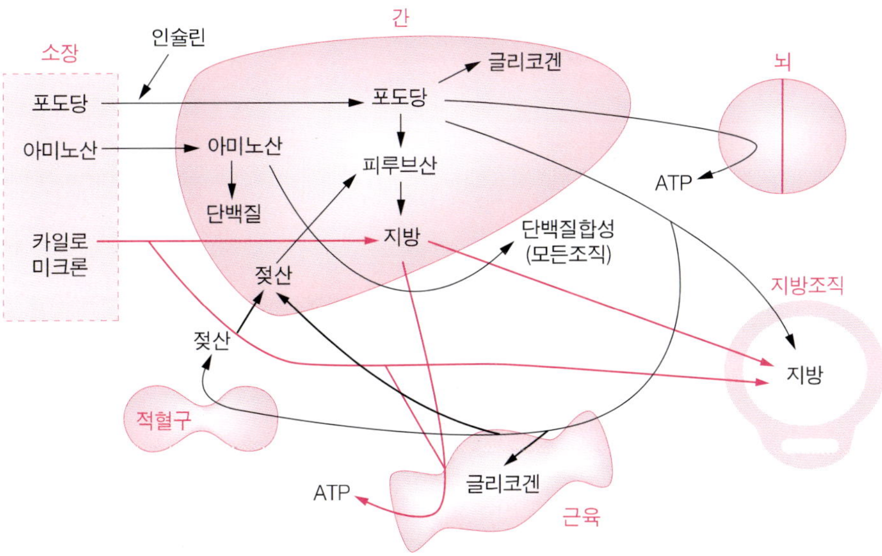

그림 2-11 정상 식사시 에너지대사

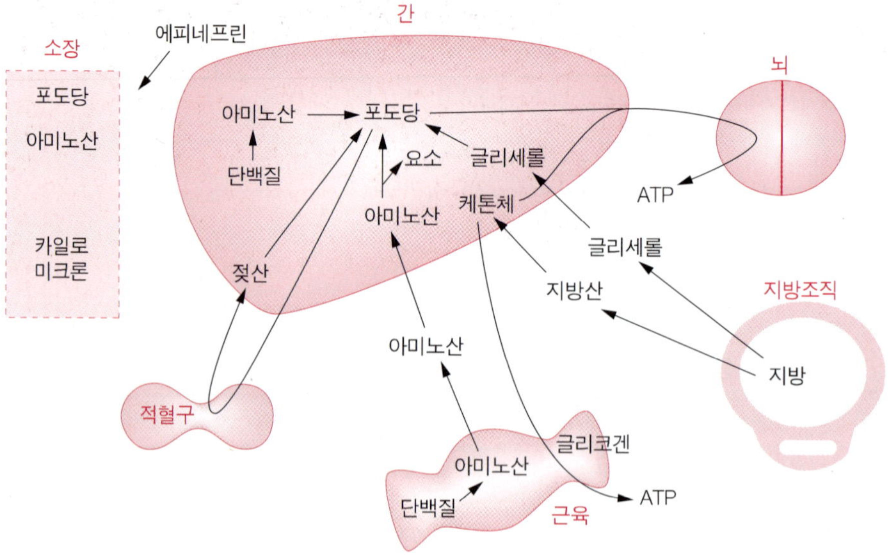

그림 2-12 기아상태에서 에너지대사

(2) 기아상태 및 운동

초기 기아상태에서는 에피네프린 등이 분비되고 간에서 글리코겐이 분해되어 포도당을 생성하여 혈당 유지 및 조직의 에너지원으로 사용된다(그림 2-12). 근육글리코겐은 코리회로(Cori cycle)를 통해 근육에서 해당과정으로 생성된 젖산을 간으로 보내 포도당을 재생성하여 혈액에 공급한다. 장시간 기아상태에서는 젖산, 글리세롤, 아미노산 등과 같은 다양한 기질에 의해 당신생과정이 활발히 진행된다. 또한 지방조직의 중성지방은 글리세롤과 지방산으로 분해되고, 글리세롤은 당신생과정에 참여한다. 분해된 지방산은 β-산화를 통해 아세틸-CoA(acetyl-CoA)를 생성하여 TCA 회로에서 ATP를 생성한다. 조직단백질도 아미노산으로 분해되고 아미노산은 탈아미노반응을 통해 탄소골격인 알파-케토산(α-keto acid)과 아미노기로 분해된다. 알파-케토산은 TCA 회로로 들어가 ATP를 생성하고 아미노기는 간으로 이동하여 요소로 생성된 후 체외로 배설된다.

운동은 기아상태와 에너지대사가 유사하나, 혈중 케톤체가 상승하는 기아상태와 달리 케톤체가 평형상태이다. 즉, 운동은 간에서 지방조직의 과다한 지방산 분해로 생기는 케톤체가 근육에서 아세틸-CoA로 전환된 후 TCA 회로에서 ATP를 생성하여 운동 에너지원으로 사용되기 때문에 생성된 케톤체가 즉시 소비된다.

2.3.6 운동시 에너지 시스템과 피로

(1) 운동시 에너지원과 에너지 시스템

운동시 에너지 공급체계인 에너지 시스템은 시간 경과에 따라 ATP-PCr계, 젖산계, 유산소계 순서이다(그림 2-13). ATP-PCr계는 운동시 에너지원이 각각 ATP, 크레아틴인산(PCr)으로서 순발력 운동의 에너지 시스템이다. 젖산계는 에너지원이 1~2분 이내의 고강도 운동 에너지원인 근육글리코겐으로 젖산이 필연적으로 축적된다. 유산소계는 주요 에너지원이 당질과 지방으로 지구력 운동의 에너지 시스템이다(표 2-4).

(2) 피 로

피로는 원하는 운동강도를 유지할 수 없는 상태, 즉 에너지를 공급하지 못하는 상태이다. 피로는 고강도 운동시 과도한 젖산의 축적으로 체액의 산성화를 야기하고 이로 인한 산독증으로 체내 대사의 평형에 영향을 주어 발생한다. 또한 저혈당으로 인한 근육 경련도 피로를 발생시킨다. 이외에 다른 피로 발생원인으로는 중추신경계의 자극전달능력부족, 에너지원의 공급 부족, 근육 내 에너지원의 대사능력 감소, 근육으로의 혈류공급 및 혈류기능 감소 등이 있다(표 2-5).

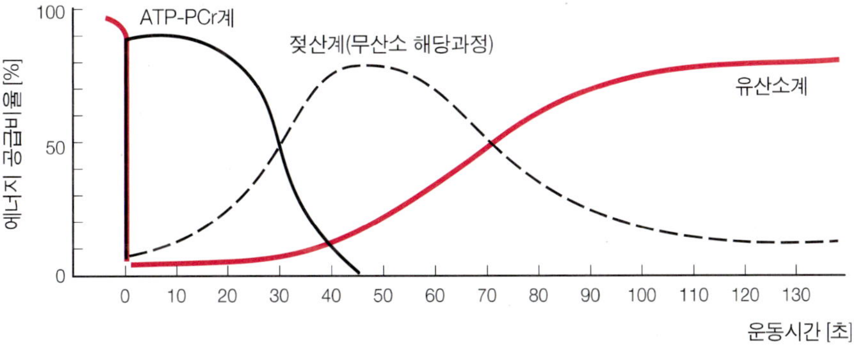

그림 2-13 운동시간 경과에 따른 에너지 공급원의 변화

표 2-4 인체의 에너지 시스템

	APT-PCr계	젖산계	유산소계	유산소계
주요 에너지원	ATP, 크레아틴 인산	탄수화물	탄수화물	지방
운동강도수준	매우 높음	높음	낮음	매우 낮음
ATP 생성물	매우 높음	높음	낮음	매우 낮음
파워생성	매우 높음	높음	낮음	매우 낮음
총 APT 생성능력	매우 낮음	낮음	높음	매우 높음
지구력	매우 낮음	낮음	높음	매우 높음
산요구량	없음	없음	있음	있음
무산소성/유산소성	무산소성	무산소성	유산소성	유산소성
트랙종목	100 m	200~800 m	5 km	장거리
시간요인	1~10초	30~120초	5분 이상	1시간

* 대부부의 운동시 세 가지 에너지 시스템 하나 또는 그 이상이 작용하게 되는데, 하나의 시스템은 운동강도에 따라서 우선적으로 작용한다.

표 2-5 운동시 피로발생의 원인

신경전달물질의 억제작용 증가	세로토닌 농도의 증가
대사기질의 감소	크레아틴인산 농도의 감소 근육 내 글리코겐 고갈 혈당량의 감소 혈장 BCAA의 감소
세포 내 환경의 혼란	칼슘 재순환의 장애
산-염기 평형의 불균형	과도한 젖산 축적에 기인한 수소 이온의 증가
산소 운반기능의 감소	탈수에 기인한 혈액량 감소
심부온도 증가에 의한 체온 증가	탈수에 의한 냉각기능 저하
전해질 농도의 불균형	땀 손실과 물 대체에 의한 불균형

제 3 장

운동과 당질

3.1 당 질

당질은 지방을 주요 에너지원으로 이용하는 장시간 운동능력에 큰 영향을 주는데 근육글리코겐이 고갈되면 운동은 더 이상 할 수 없기 때문이다. 마라톤과 같은 운동은 경기 전에 충분히 근육글리코겐을 축적(글리코겐 로딩)하는 것이 중요하며 글리코겐의 고갈을 막을 수 있다. 다만, 장시간 운동 직전의 당 섭취는 악영향을 주는므로 절대로 금지해야 한다. 운동 직전에 당을 섭취하면, 혈액 중에 당농도(혈당)가 급격히 상승하여 인슐린 분비를 야기해 인슐린은 당을 간이나 근육 등에 흡수시킨다. 또한 인슐린은 지방조직으로부터 지방산 방출을 억제키는 데, 지방산의 공급이 저하되면 근육은 장시간 동안 당을 에너지원으로 사용하여 과다한 젖산 축적이 일어나 운동을 더 이상 할 수가 없게 된다.

3.1.1 혈 당

당질은 대부분 체내에서 최종적으로 포도당(혈당)으로 소화 및 흡수되며 인슐린에 의해 글리코겐으로 저장된다. 이러한 혈당은 세 가지로 나뉘는데, 먼저 혈당은 호기적 해당과정을 통해 완전 산화되어 혈액, 뇌, 신경계 등에 에너지를 공급한다(그림 3-1). 혈당은 간, 근육에서 글리코겐으로 저장되며 마지막으로 과잉 혈당은 지방조직에서 지방으로 저장된다.

혈당은 간글리코겐으로부터 글리코겐 분해와 해당과정을 통해 생성되며, 반면 운동에너지는 오직 근육글리코겐으로부터 공급된다. 이는 간글리코겐과 근육글리코겐의 역할과 관련 있는데 간에는 포도당탈인산화효소(glucose-6-phosphatase)가 있으나 근육에는 없기 때문이다.

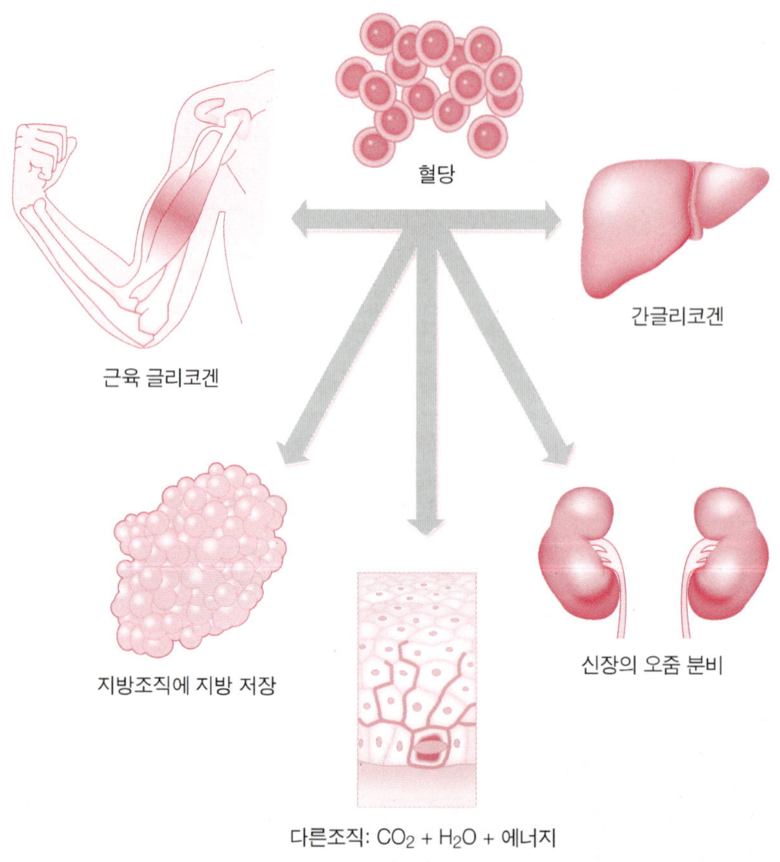

그림 3-1 혈당의 운명

저혈당은 중추신경계 기능의 손상을 유발시키는데 이는 저혈당이 일어나면 에피네프린, 글루카곤, 코티솔 등이 분비되어 체내가 예민한 상태에서 장시간 운동시 쉽게 근육이 손상되고 피로가 일어나고 운동수행능력이 저하된다. 저혈당을 방지하기 위해서는 운동 중 당질음료의 보충이 필요하다.

3.1.2 글리코겐

당질은 근육 운동의 주에너지원으로 간과 근육에 저장된 당질은 글리코겐이다. 글리코겐 농도는 식후 간과 근육에서 각각 8%, 1.5%이며 글리코겐 중량은 간과 근육에서 각각 85 g, 350 g으로 저장 글리코겐은 간보다 근육이 훨씬 많다. 인체 저장 당질은 20 kcal의 혈당, 400 kcal의 간글리코겐 및 1,500 kcal의 근육글리코겐을 다 합쳐도 성인 에너지 1일 권장량인 2,0000~2,500 kcal보다 적다.

운동, 즉 근육수축이 시작되면 글리코겐으로부터 포도당이 분해되어 ATP를 생성하는 경로로 들어간다. 간글리코겐과 근육글리코겐이 혐기적 해당과정으로 생성되는 ATP는 각각 2 ATP, 3 ATP이다.

근육글리코겐 고갈은 운동 종료 및 탈진을 초래하기 때문에 근육글리코겐 저장량의 증가는 운동 및 탈진을 연장시키고 글리코겐 고갈 방지를 위해 글리코겐 로딩이 필요하다.

3.2 당질대사

3.2.1 공복상태

공복상태시 체내에서 글리코겐 분해가 제일 먼저 일어나는데 간에서는 포도당 탈인산화효소(glucose-6-phosphatase)가 있어 간글리코겐은 혈당을 공급 및 유지한다(그림 3-2). 반면, 근육에서는 포도당 탈인산화효소(glucose-

6-phosphatase)가 없어 근육글리코겐는 운동에너지를 공급한다.

한편 이러한 공복이 지속되면, 간글리코겐이 고갈되며 뇌, 적혈구 기능 등을 위해 지속적인 혈당 공급이 필요하다. 저혈당은 혼수상태와 사망을 초래할 수 있기 때문에 당신생과정을 통해 혈당 유지가 필수적이다. 당신생과정(gluconeogenesis)은 젖산(lactate), 글리세롤(glycerol), 아미노산(amino aid) 등과 같은 비탄수화물 전구체로부터 혈당을 생성하는 과정이다(그림 3-3).

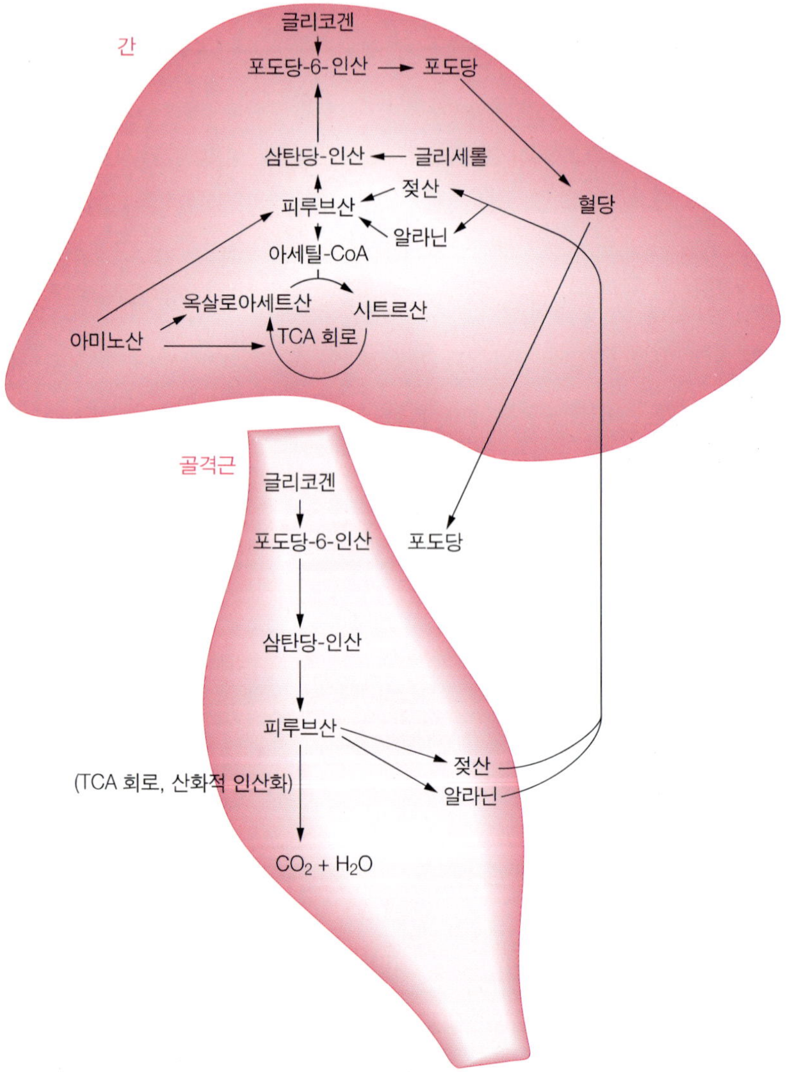

그림 3-2 공복상태에서 당질대사

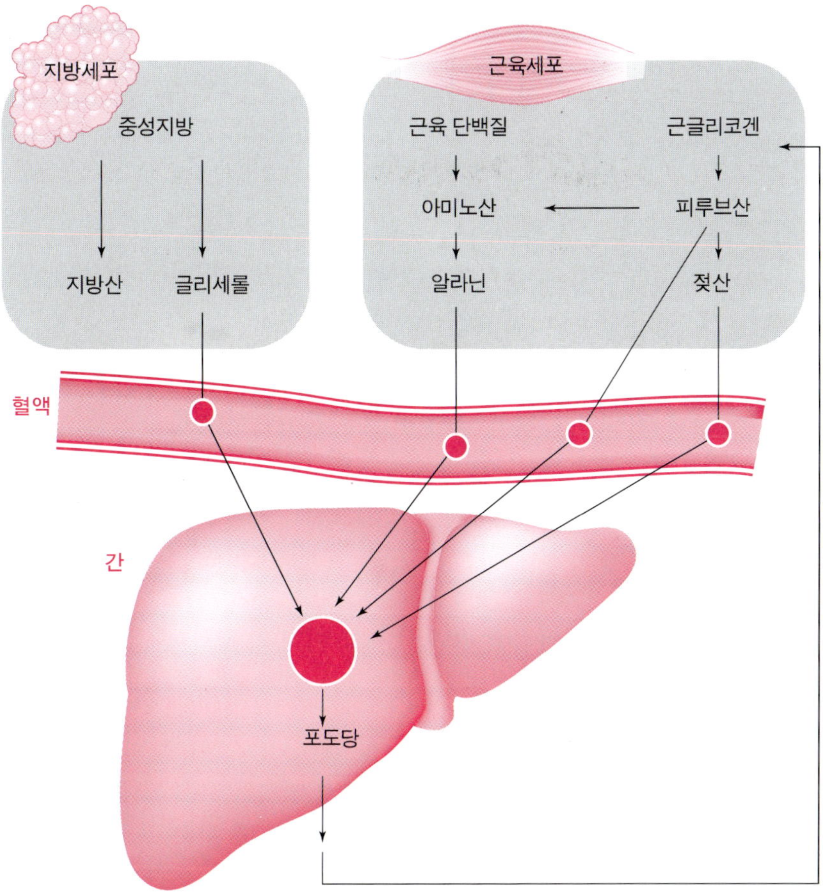

그림 3-3 당신생과정(gluconeogenesis)

3.2.2 포만상태

포만상태의 경우, 당질로부터 소화 및 흡수된 혈당은 해당과정을 통해 에너지를 생성하여 조직 등을 재생한다. 또한 혈당은 공복을 대비하여 간과 근육에서 글리코겐으로 저장되며 남은 혈당은 지방산 합성을 통해 지방조직에서 지방으로 축적된다.

해당과정은 무산소(혐기적) 상태에서는 2 ATP를 생성하지만, 유산소(호기적) 상태에서는 30 또는 32 ATP를 생성한다. 이처럼 무산소 상태가 유산소 상태보다 훨씬 적은 ATP를 생성하더라도 해당과정을 수행하는 것은 근육에서는 산소가 여의치 않을 경우에도 에너지 공급이 가능해야 하기 때문이다. 즉,

근육은 산소 결핍상태에서 조직이 생존할 수 있으나, 뇌의 경우는 산소 결핍 상태에서는 조직이 생존할 수 없기 때문에 산소 유무에 따른 해당과정은 조직 생존과 관련이 있다.

글리코겐의 합성에는 두 가지의 경로가 있는데, 첫 번째 직접경로는 과량의 혈당이 간에서 직접 글리코겐으로 합성되고, 두 번째 간접경로는 소량의 혈당이 근육에서 무산소 해당과정을 통해 젖산으로 되고 이 젖산이 간에서 당신생과정을 거쳐 혈당을 생성하고 이 혈당이 다시 글리코겐으로 합성되는 경로이다.

혈당의 지방 합성과정은 먼저 과잉 혈당이 호기적 해당과정을 통해 피루브산(pyruvate) 및 아세틸-CoA(acetyl-CoA)를 생성하고 아세틸-CoA가 지방산 생합성을 거쳐 지방산을 생성한다. 또한 혈당이 해당과정을 통해 생성된 디히드록시아세톤 인산(dihdroxyacetone-Ⓟ, DHAP)이 글리세롤인산(glycerol-Ⓟ)을 거쳐 글리세롤(glycerol)을 생성하고 글리세롤과 지방산이 결합하여 지방을 합성한다.

3.3 운동과 당질

3.3.1 운동 에너지원의 영향인자

운동의 주요 에너지원은 당질(근육글리코겐)과 지방(당질, 지방산)이며 이러한 운동의 연료비율 영향인자는 운동강도, 운동시간, 훈련 등이다.

(1) 운동강도

운동 동안 당질과 지방의 이용비율은 호흡계수(RQ)에 영향 받는다(그림 3-4). RQ는 소모한 산소(O_2) 중 배출된 이산화탄소(CO_2)의 비율이며 0과 1 사이의 값을 갖는다.

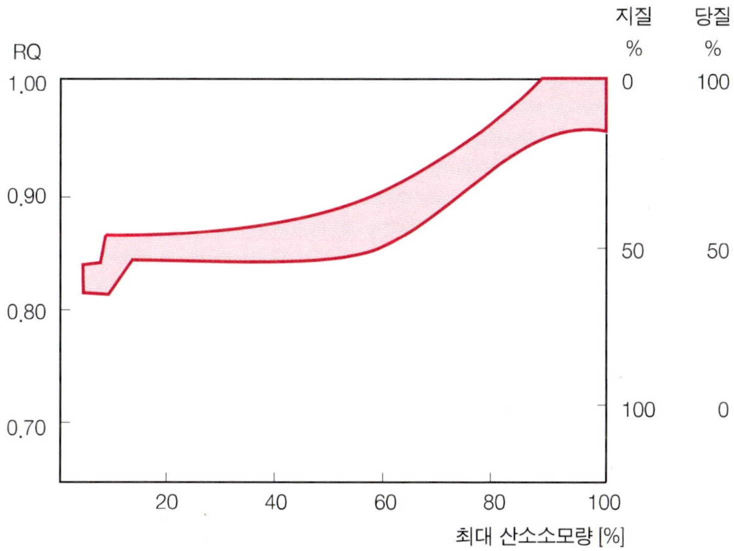

그림 3-4 운동강도에 따른 호흡계수(RQ)의 변화

$$RQ = CO_2/O_2$$

RQ가 1.0이면 당질이 운동의 유일 에너지원을 의미한다.

$$Glc + 6\ O_2 \rightarrow 6\ CO_2 + 6\ H_2O, \quad RQ = 6/6 = 1.0$$

RQ 가 0.7이면 지방이 운동의 유일 에너지원을 뜻한다.

$$\text{palmitic aicd}(C_{16}) + 23\ O_2 \rightarrow 16\ CO_2 + 16\ H_2O, \ RQ = 16/23 = 0.7$$

운동강도가 증가하면 RQ도 증가하며 RQ가 1.0이면 최대 산소소모량의 최대치(100% VO_{2max})이다. 따라서 운동강도가 증가하는 것은 에너지원이 지방에서 당질로 전환되는 것을 뜻하며, 즉 당질 의존도가 증가하는 것을 의미한다(그림 3-5).

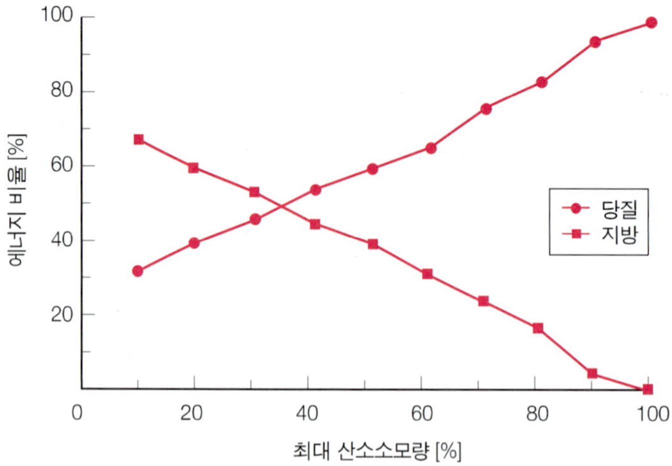

그림 3-5 운동강도에 따른 에너지비율의 변화

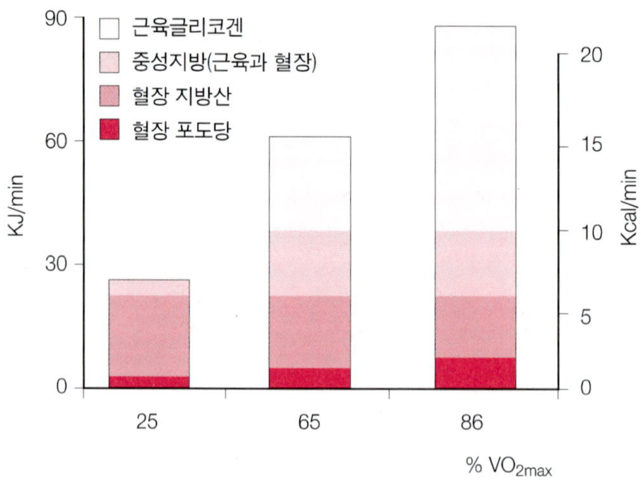

그림 3-6 운동강도에 따른 이용 에너지원

일반적으로 운동강도가 저강도(30% VO_{2max})이면 에너지원은 지방이 2/3, 당질이 1/3, 중강도(50% VO_{2max})이면 에너지원은 지방 1/2, 당질 1/2, 고강도(70% VO_{2max})이면 에너지원은 지방 1/3, 당질 2/3이다(그림 3-6).

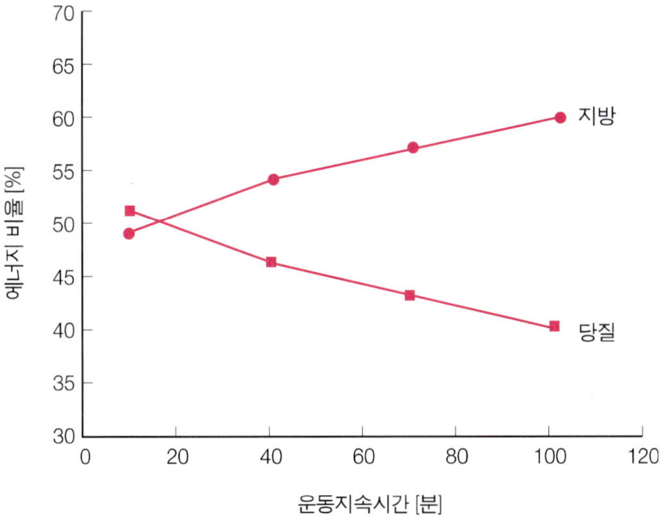

그림 3-7 운동지속시간에 따른 에너지비율

(2) 운동시간

장시간 운동은 지구력 운동, 즉 유산소 운동으로 RQ가 감소한다. 에너지 공급체계는 유산소계로 TCA 회로가 활성화되며 에너지원은 당질보다 지방을 선택한다(그림 3-7). 반면, 단시간 운동은 근력(파워) 운동, 무산소 운동으로 RQ가 증가하며 에너지 공급체계는 젖산계로 해당과정이 활성화되며 에너지원은 지방보다 당질을 선택한다.

(3) 훈 련

지구력 훈련은 미토콘드리아의 크기와 수 등 용적밀도를 증가시켜 호기적(유산소) 대사능력이 증가된다(그림 3-8). 따라서 TCA 회로가 활성화되어 지방산산화가 촉진되는 반면, 해당과정은 억제되며 근육글리코겐 분해 또한 억제되어 근육글리코겐의 저장량을 증가시켜, 에너지원은 지방을 선호하게 된다.

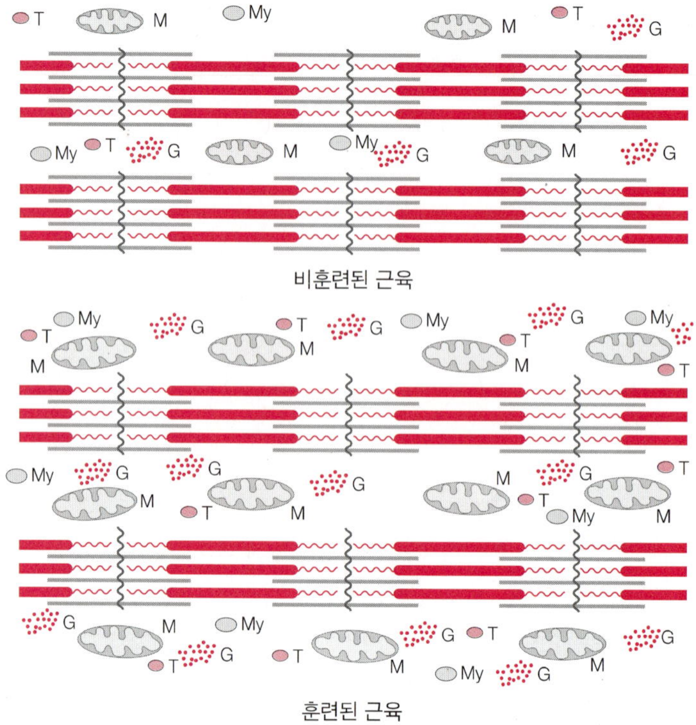

그림 3-8 지구력 훈련의 근육효과
(G : 글리코겐, T : 지방, M : 미토콘드리아, My : 미오글로빈)

3.3.2 당질 식이

장시간 중강도 이상의 운동은 혈당이 중요 에너지원이며 초기 근육글리코겐 저장량에 따라 운동 지속 여부가 결정된다. 근육글리코겐 저장량은 개인의 훈련 정도에 다라 달라, 훈련된 골격근이 많을수록 근육글리코겐 저장량이 증가하며 글리코겐 고갈속도를 늦출 수 있다.

운동 전, 운동시, 운동 후 당질 섭취 조절은 혈당의 항상성과 간, 근육글리코겐의 최적화에 초점을 두고 있으며 이는 곧, 운동수행능력을 향상시킨다.

(1) 운동 전

운동 전 당질 식이는 글리코겐 저장량을 증가시켜 운동 수행능력을 향상시키며 운동시 당질 식이는 혈당을 유지시켜 피로 발생을 지연시킨다. 혈당 유지가 피로 발생을 지연시키는 것은 저강도 운동시 당질을 섭취할 때만 가능하다. 저강도 운동시 당질 식이는 인슐린 농도를 증가시켜 근육으로의 혈당 흡수 및 이용을 증가시키고 지방산 이용을 감소시킨다. 반면, 고강도 운동시는 혈당과 인슐린 농도의 변화가 없어 영향을 주지 못한다.

운동 전 당질은 경기 4시간 전 체중 1 kg당 5 g 섭취를 권장하며 체중 60 kg이면 당질 300 g 섭취를 권장한다. 당질 15 g은 사과 1개, 오렌지 1개, 바나나 1/2개, 슬라이스빵 1개, 시리얼 1/2컵에 해당한다.

(2) 운동 중

운동 중 당질은 시간당 30~60 g(분당 0.5~1.0 g) 섭취를 권장하며 15 g 당질음료는 게토레이, 파워에이드 등 스포츠음료 240 mL에 해당한다. 위 내용물 배출능력는 운동 수행능력 향상요인이며 위 내용물 배출능력는 포도당 농도가 감소하면 증가하고 운동강도가 증가하면 감소한다.

과당은 포도당에 비해 체내 흡수가 저하되는데 이는 과당 섭취가 인슐린 농도를 감소시켜 당질 산화가 감소된다. 또한 과당 섭취는 물 흡수를 지연시키며 과당 단독 섭취시 위 고통을 초래한다. 과당은 간에서만 대사하여 간글리코겐의 재생효과가 있으나 근육글리코겐과는 무관하다.

(3) 운동 후

운동 후 당질은 2시간마다 체중 1 kg당 1 g 섭취를 권장하며, 600 g의 당질 섭취시 정상수준의 근육글리코겐으로 회복된다. 근육글리코겐 합성에는 혈당과 인슐린이 필요하며 합성과정은 인슐린 의존단계와 인슐린 비의존단계로 구분한다.

인슐린 의존단계는 근육글리코겐 농도가 35 mM 이상일 때, 인슐린이 없으면 글리코겐 합성이 일어나지 않는다. 인슐린 비의존단계는 근육글리코겐 농도가 35 mM 이하이면, 인슐린이 없어도 글리코겐 합성은 일어난다.

근육 손상은 글리코겐 재합성을 저하시키는데 이는 염증반응에 대한 포도당 산화가 증가하기 때문이다.

3.3.3 글리코겐 로딩

(1) 글리코겐 로딩

마라톤, 철인 3종 경기, 크로스컨트리 스키, 도로 사이클 등 90분 이상의 장시간 고강도 운동은 운동 중 근육글리코겐을 감소시키며 이러한 글리코겐 고갈은 운동수행능력을 감소시킨다. 또한 지구력 운동선수는 체내 글리코겐 축적량을 최대한 증가시키면 운동수행능력이 2배 정도 향상된다. 이처럼 글리코겐 로딩(glycogen loading)은 고당질 식이로 근육글리코겐 저장량을 최대한 증가시켜 운동수행능력을 향상시키는 과정이다.

(2) 글리코겐 로딩방법

글리코겐 로딩방법은 크게 고전 방법과 수정 방법으로 구분한다(표 3-1). 고전 방법은 초보상법으로 저당질(10%) 식사와 고강도 운동으로 체내 저장글리코겐을 모두 고갈 후 고당질(90%) 식사로 글리코겐 로딩을 최대화하는 방법이다. 이 방법은 저당질 식사로 인한 저혈당으로 근육이 예민해지고 쉽게 피로를 불러오며 고강도 운동시 근육 손상이 발생하는 단점이 있다.

수정 방법은 테이퍼링 다운(tapering down)법으로 고전 방법을 수정한 것으로 적당 당질(50%) 식사 후 고당질(70%) 식사로 근육글리코겐 저장량을 30% 정도 증가시키는 방법이다(그림 3-9).

(3) 글리코겐 로딩효과

일반적으로 1 g의 글리코겐을 저장하면 항상 3 g의 물도 함께 저장되어 체중 증가와 근육 경직이 일어난다. 따라서 장거리(지구력) 운동선수에게는 도움이 되나, 모든 운동선수의 요법은 아니며 선수 각자 적절한 섭취 수준을 결정한다.

표 3-1 글리코겐 로딩의 고전 및 수정 방법

수정 방법		고전 방법	
1일차	운동성 고갈(선택)	1일차	운동성 고갈(선택)
2일차	혼합식이, 적당한 탄수화물, 운동감소	2일차	고단백질/지방 식이, 저탄수화물, 운동감소
3일차	혼합식이, 적당한 탄수화물, 운동감소	3일차	고단백질/지방 식이, 저탄수화물, 운동감소
4일차	혼합식이, 적당한 탄수화물, 운동감소	4일차	고단백질/지방 식이, 저탄수화물, 운동감소
5일차	고탄수화물 식이, 운동감소	5일차	고탄수화물 식이, 운동감소
6일차	고탄수화물 식이, 운동감소 또는 휴식	6일차	고탄수화물 식이, 운동감소 또는 휴식
7일차	고탄수화물 식이, 운동감소 또는 휴식	7일차	고탄수화물 식이, 운동감소 또는 휴식
8일차	경기	8일차	경기

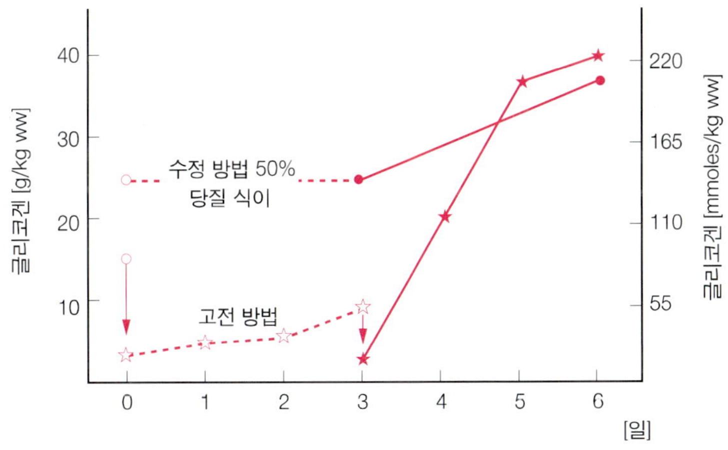

고전 방법 : ↓ 강도 높은 운동, ☆-----☆ 10% 당질 식이
★——★ 90%당질 식이
수정 방법 : 점진적인 운동량 감소 90, 40, 40, 20, 20분, 휴식
73% 최대 산소소모량, ●——● 70% 당질 식이

그림 3-9 글리코겐 로딩방법

제 4 장 운동과 지질

4.1 지질대사

4.1.1 지질의 소화와 흡수

지질은 중성지방(TG), 인지질, 지방산, 콜레스테롤 등으로 분류하며, 성인의 1일 섭취량 100~140 g 중 대부분은 중성지방으로 직접 소장 점막을 통과할 수 없다. 지방산과 글리세롤으로 구성된 식이지방(TG)은 체내에서 췌장 지질분해효소(pancreatic lipase)에 의해 모노글리세롤과 지방산 등으로 분해된 후 담즙산(bile acid)과 레시틴(lecithin)의 작용으로 마이셀(micelle)을 형성한다. 마이셀은 소장 융모막을 통해 최종적으로 흡수되어 카일로미크론(chylomicron)에 의해 간 또는 지방조직으로 운반된다(그림 4-1). 반면, 중쇄지방(MCT, medium-chain TG)은 탄소수 6~12개의 지방산과 글리세롤의 구조지질로 지질분해효소나 지단백질의 도움 없이 직접 간으로 통과 흡수된다. MCT는 지질 소화 불량환자의 식이요법 대체물로 사용된다.

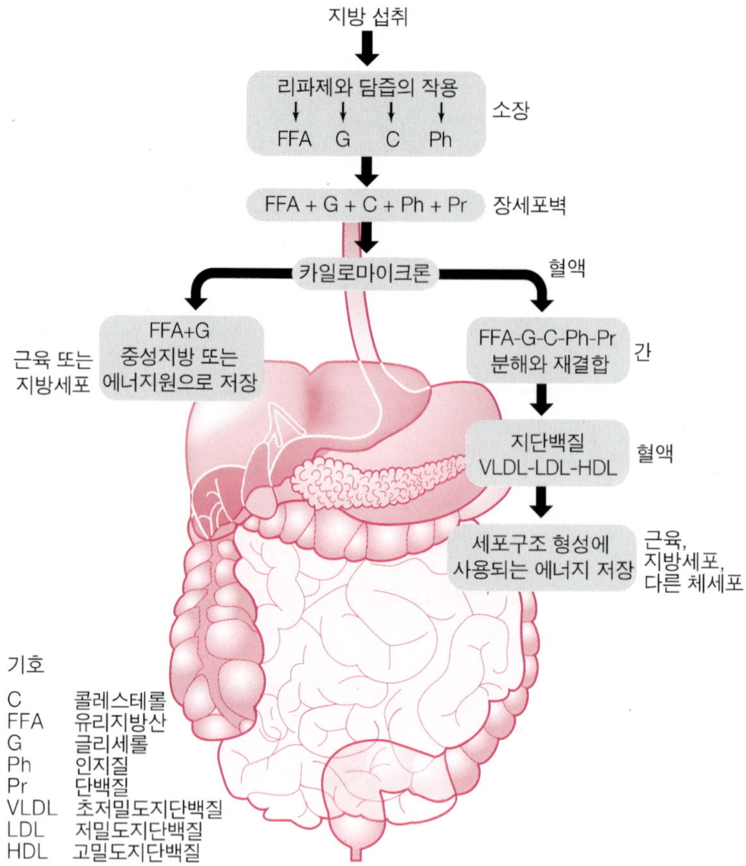

그림 4-1 지질대사

4.1.2 지단백질

지단백질은 혈액에서 지방, 인지질, 콜레스테롤 등의 운반에 필요한 지질-결합단백질(lipid-binding protein)로 단백질 밀도로 분류되며 단백질의 밀도와 지질의 함량은 서로 반비례한다(그림 4-2). 지단백질은 구성물질의 상대적인 양에 따른 단백질 밀도에 의해 카일로미크론(chylomicron), 초저밀도 지단백질(VLDL, very low density pritein), 저밀도 지단백질(LDL, low density pritein), 고밀도 지단백질(HDL, high density pritein) 등으로 분류한다(그림 4-3).

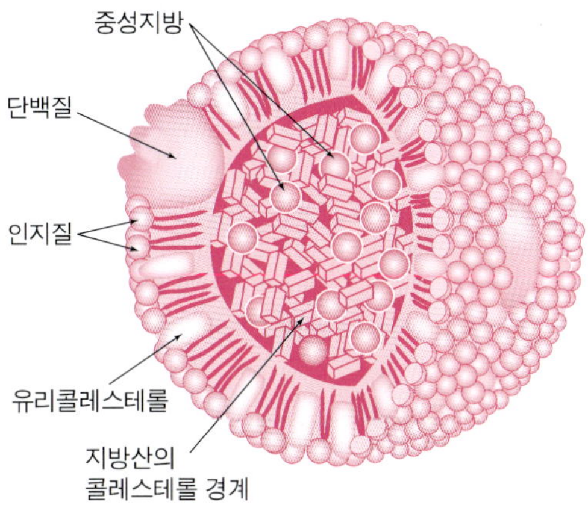

그림 4–2 지단백질

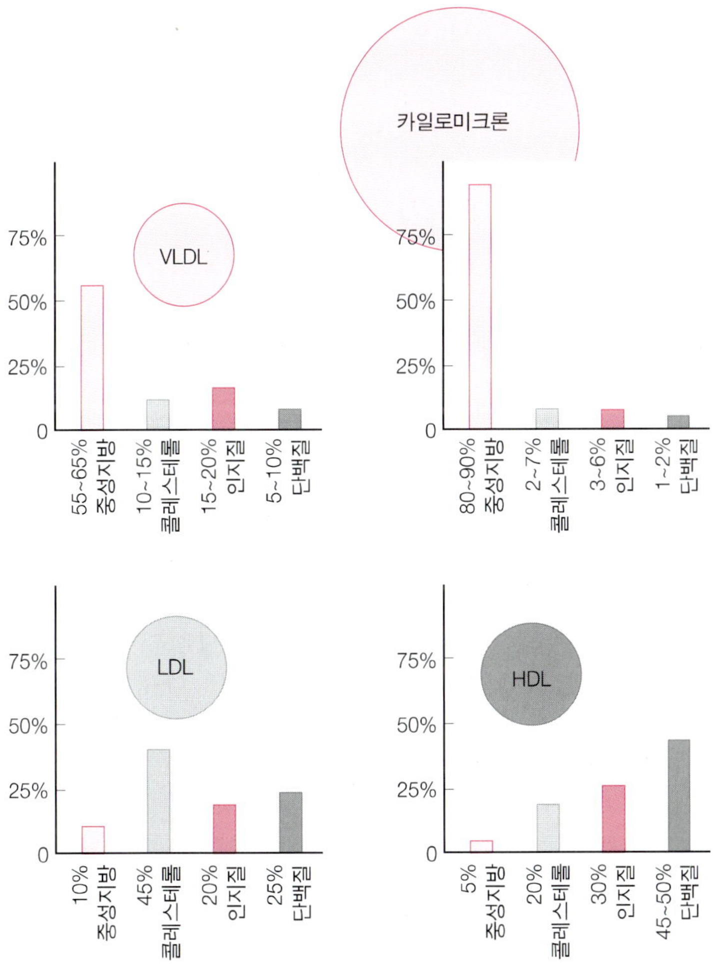

그림 4–3 지단백질의 종류

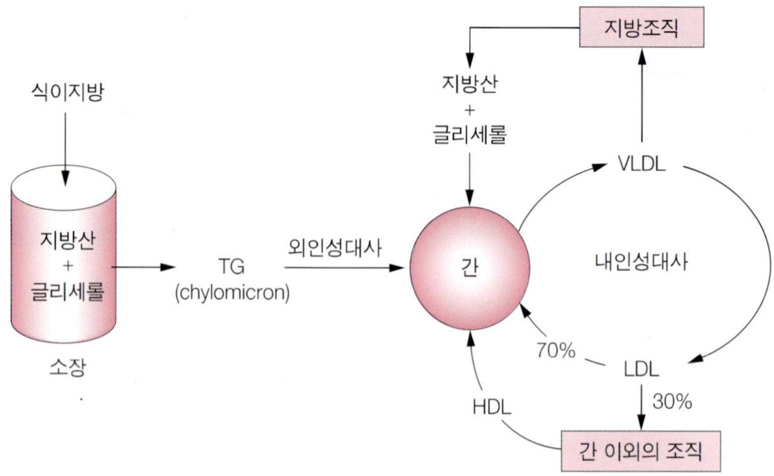

그림 4-4 지단백질대사

카일로미크론은 소화 흡수된, 즉 외인성(식이) TG를 운반하며 LDL의 전구체인 VLDL은 간에서 합성된 내인성 TG를 운반한다(그림 4-4). 지단백질 중 콜레스테롤 함량이 가장 높은 LDL은 콜레스테롤을 조직에서 혈액으로 운반하며 HDL은 콜레스테롤을 간 이외의 조직에서 간으로 운반한다. LDL의 콜레스테롤은 산화되면 혈관 내에 축적되어 동맥경화증을 일으키며, 특히 VLDL 상승과 HDL 강하는 동맥경화증의 지표로 사용된다.

4.1.3 지방의 합성과 분해

(1) TG 합성

정상 식사시 생겨난 과잉 당질은 소장에서 포도당으로 소화 흡수된 후 간에서 지방(TG)으로 합성된 후 지단백질의 작용으로 지방세포에 저장된다(그림 4-5). 과잉 당질로부터 분해 생성된 포도당은 해당과정에 의해 피루브산(pyruvate)과 아세틸-CoA(acetyl-CoA)를 거쳐 지방산(fatty acid)을 생성한다. 또한 포도당은 해당과정과 효소반응에 의해 디히드록시아세톤인산(dihydroxyacetoneⓟ, DHAP)과 글리세롤-3-인산(glycerol-3-ⓟ)을 거쳐 지방의 골격인 글리세롤(glycerol)을 생성한다. 정상 식사시 분비되는 인슐린은 지단백질 지질분해효소(lipoprotein lipase, LPL)를 활성화시키며, LPL은 TG를 모노아실글리세롤(MG)과 지방산으로 분해하고 글리세롤과 지방산이 결합하여 TG를 생성한다.

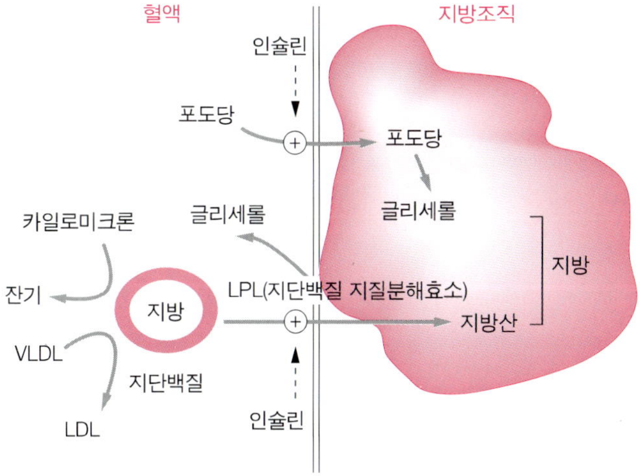

그림 4-5 정상식사시 지방합성

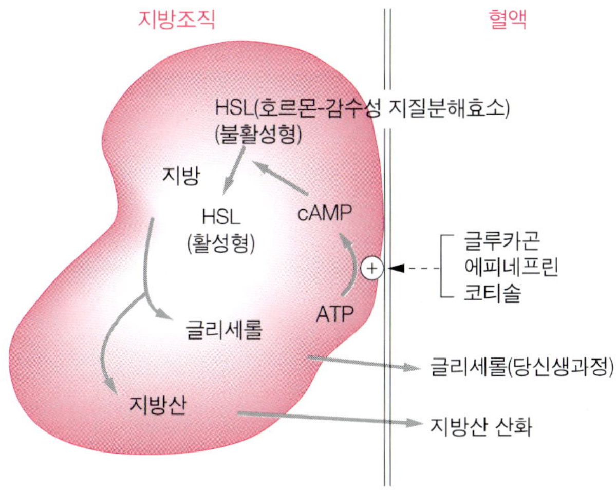

그림 4-6 기아상태시 지방분해

(2) TG 분해

운동이나 기아상태에서는 에피네프린(아드레날린), 글루카곤, 코티솔 등이 분비되며 에피네프린 등은 호르몬-감수성 지질분해효소(hormone-sensitive lipase, HSL)를 활성화시켜, TG를 글리세롤과 지방산으로 분해시킨다(그림 4-6).

HSL이 활성화되어 TG가 글리세롤과 지방산으로 분해되면 지방산은 지방산-결합 단백질(fatty acid-binding protein, FABP)인 알부민(albumin)과 결합하여 지방산-알부민(fatty acid-albumin) 복합체를 형성한다. 이 복합체는 ATP를 소모하고 아실-CoA(acyl-CoA)로 활성화된다. 아실-CoA는 에너지가 충분할 경우 글리세롤과 결합하여 TG를 생성하고 지방세포에 저장된다. 운동시 지방에너지원을 이용할 경우 아실-CoA는 카르니틴과 결합하여 세포질에서 미토콘드리아 내막으로 운반된다. 미토콘드리아에서 아실-CoA는 β-산화를 통해 아세틸-CoA(acetyl-CoA)를 생성하며 아세틸-CoA는 TCA 회로와 전자전달계를 거쳐 ATP를 생성한다.

4.2 운동과 지방

4.2.1 지방의 운동에너지 공급원 역할

ATP 소모운동이 계속 진행시 체내에서는 크레아틴인산, 간과 근육글리코겐 및 혈당이 우선 산화되기 때문에 저장 글리코겐이 고갈되면 지방은 ATP 생성의 중요한 역할을 한다. 이러한 운동 에너지원으로서의 지방은 운동강도, 운동시간, 훈련 정도에 따라 결정된다. 인체의 체지방 비율은 남성 10~20%, 여성 20~30%로 지방산의 주요 에너지원이며 장시간 운동시 혈중지방(TG), 인지질, 콜레스테롤 등은 감소하고 산화를 위한 근육의 지방산 흡수는 증가한다.

4.2.2 근육의 지방산 이용

지방산은 근육과 지방세포의 TG로부터 각각 HSL, LPL의 작용으로 생성된다. 근육과 지방세포로부터 생성된 지방산은 지속적인 운동 에너지원이며 근육세포의 지질대사를 결정한다(그림 4-7). 근육세포의 유입 지방산량은 혈중 지방산 농도, 지방세포의 지방산 분해 속도, 근육의 혈류량, 심박출량, 근육세포 밖의 지방산 수용체 수 등에 따라 결정된다.

운동 초기에는 지방산 혈중 농도가 낮아 지방분해속도가 최고수준에 도달하며 지방산의 급속한 산화가 일어난다. 운동시작 후 10~15분이 경과하면 교감신경이 흥분되고 에피네프린의 분비가 증가되어 지방세포의 HSL 활성이 증가되며 지방분해 및 지방산 생성이 증가된다.

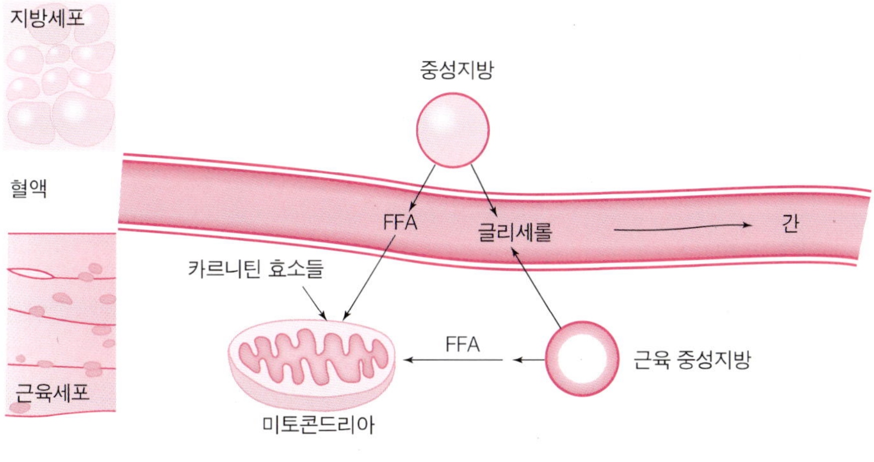

그림 4-7 운동 중 에너지원으로서의 지방

4.2.3 지방산 이용의 영향인자

지방산 이용의 영향인자로는 HSL, LPL, 지방산합성효소 등의 활성 관계 인자가 있다.

(1) 젖 산

고강도 운동은 무산소성 해당과정이 활발하여 젖산 축적이 증가하며 지방산 이용을 억제시켜 HSL 활성을 감소시킨다. 반면 지구력 운동은 젖산 축적이 일어나지 않아 HSL과 같은 지방산 분해와 관련된 효소 활성이 증가된다.

(2) 카페인

카페인은 포스포디에스테라아제(phosphodiesterase)의 활성을 감소시켜 cAMP가 분해되는 것을 막아 세포 내 cAMP 농도가 증가되고 HSL의 활성을 증가시킨다. HSL은 체지방분해 및 지방산의 β-산화를 증가시켜 지구력 운동능력을 향상시킨다.

(3) 카르니틴

카르니틴은 지방산을 미토콘드리아 내막으로 운반하는 지방산 운반체로 지방산 이용 및 지방산의 β-산화를 증가시켜 HSL의 활성을 증가시키고 지구력 운동능력을 향상시킨다(그림 4-8).

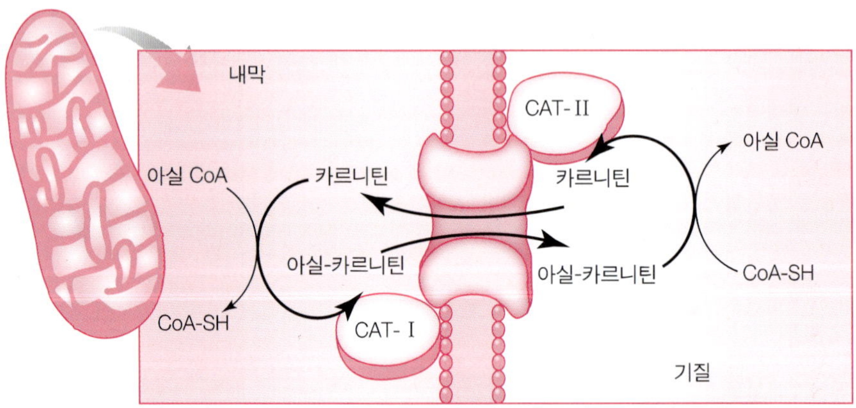

그림 4-8 카르니틴에 의한 지방산의 미토콘드리아 내로의 이동

(4) 당질 산화

당질 산화는 지방산-알부민 복합체 및 지방산의 혈중 농도를 증가시켜 지방산 이용이 억제되어 HSL의 활성을 감소시킨다. 에너지원으로 사용되지 않는 지방산은 지방세포에 축적되어 지방으로 저장된다.

4.2.4 훈련효과

훈련은 에피네프린 분비 및 HSL 활성을 증가시켜 체지방분해 및 β-산화를 증가시킨다. 훈련은 간에서 젖산 제거와 당신생과정을 증가시키고 지방세포의 크기를 감소시켜 운동 에너지원으로 지방산 동원과 산화를 증가시킨다. 훈련은 미토콘드리아의 수와 크기 등 용적 및 지방산 운반체인 카르니틴과 전자전달계 효소를 증가시켜 미토콘드리아로의 지방산 이동과 β-산화가 증가된다. 훈련은 에너지원으로 케톤체의 이용 능력이 증가되어 단식과 당뇨병과 달리 케톤산증(acidiosis)이 감소된다.

훈련은 LPL 활성을 증가시켜 혈중 TG, VLDL, LDL 등을 감소시키고 HDL을 증가시킨다.

4.3 지질과 운동효과

운동효과의 목표는 혈중 지질수준의 개선과 체중 감소이다. 일반적으로, 중강도 이상의 운동을 30분씩 1주일에 3번 정도하면 1,000 kcal가 소모된다. 체지방 분해속도는 에피네프린, HSL 및 LPL 활성, 훈련, 젖산 등에 따라 조절된다. 또한 운동을 지속적으로 하면 카일로미크론과 VLDL의 TG는 근육세포의 에너지 이용을 증가시키며 규칙적인 유산소 운동은 지방분해를 증가시켜 체지방을 감소시킨다(그림 4-9). 운동은 간에서 LDL의 전구체인 VLDL이 LDL로 전환하는 것을 억제하며 근육세포에서 LDL 흡수의 증가와 LDL 수용체의 활성화로 LDL를 신속하게 제거시켜 HDL을 증가시킨다. 운동은 HSL

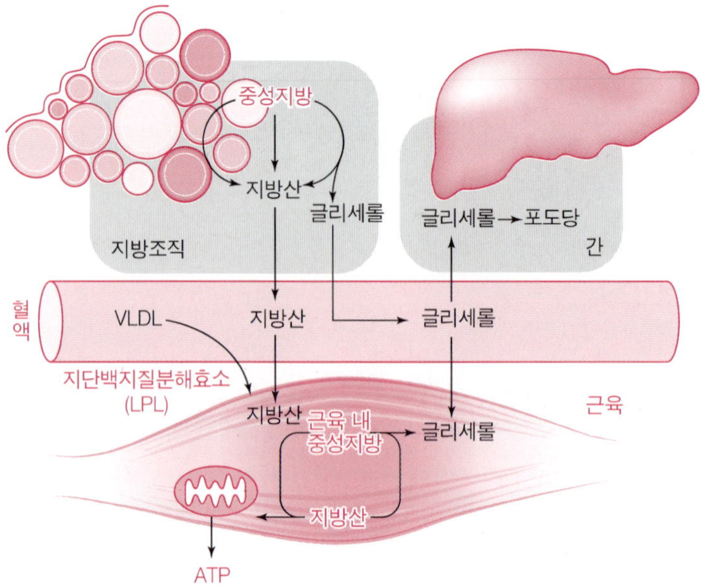

그림 4-9 조직간의 지방대사

활성을 증가시켜 TG를 지방산으로 분해하여 운동 에너지원으로 사용하며 LPL 활성을 증가시켜 지단백질 분해가 촉진되어 간의 TG 합성이 저하되고 혈중 VLDL, LDL이 감소되어 HDL이 증가되는 등 혈중 지질이 개선된다. 조깅, 달리기, 속보 등 지속적인 유산소 운동의 지구력 운동은 에너지원을 포도당보다 지방산을 우선적으로 선호하기 때문에 TG, VLDL, LDL을 감소시키고 HDL을 증가시킨다.

4.4 지질과 건강효과

관상동맥질환인 심혈관질환은 동맥경화, 협심증, 심근경색 등이 있으며 이러한 심혈관질환의 주요 지표로는 TG 150 mg/dL 이상, 총콜레스테롤(TC) 200 mg/dL 이상과 지단백질 수치로 LDL 160 mg/d 이상, HDL 40 mg/dL 이하 등이 있다. 또한 TC/HDL의 비가 남여 각각 4.5, 3.5 이상이면 위험하며 콜레스테롤과 지방의 관계식으로 Friedwald식이 있으며 다음과 같다.

Friedwald 식 : LDL = TC − (HDL + TG/5)

규칙적 유산소 운동은 심혈관질환 위험억제인자로서 혈중 HDL를 증가시키는 역할을 하며 HDL이 1 mg/dL이 증가하면 평균적으로 남여 각각 심혈관질환이 2, 3%씩 감소한다. 이는 유산소(지구력) 운동을 하면 혈액량이 증가되고 LPL 활성이 증가되어 TG 분해를 증가시켜 체중(TG) 감소와 VLDL, LDL 등이 감소되고 HDL이 증가되어 혈중 지질이 개선되고 심혈관질환 위험이 감소되기 때문이다. 운동 처방은 체중 감소와 연계된 혈중 지질수준 개선과 관련 있는데 혈중 지질 개선은 조깅과 수영, 조깅과 에어로빅, 걷기와 체조 등 유산소 운동과 체력요소 열세운동의 복합운동이 효과적이며 심혈관질환 예방 또한 유산소 운동 이외에 저지방 및 저콜레스테롤 식이가 필수적이다. 총열량의 30% 이상이 함유된 고지방 식품은 심혈관질환에 대단히 위험하며 포화지방산은 총지방열량의 10% 미만과, 포화지방산과 불포화지방산의 비가 1 : 1로 섭취하는 것을 권장한다.

4.5 지구력 운동수행능력 향상제

4.5.1 캡사이신

고추의 캡사이신은 부신에 작용하여 카테콜아민(catecholamine)인 아드레날린(adrenaline, epinephrine) 분비를 촉진한다. 아드레날린은 체지방으로부터 지방산의 분해를 촉진하여 지구력을 증가시킨다.

4.5.2 사포닌

인삼의 스테로이드글리코시드인 사포닌은 지방산의 분해를 촉진시키고 글리코겐을 절약시켜, 지구력을 증가시킨다.

4.5.3 동충하초

동충하초는 아드레날린(adrenaline) 분비를 촉진시켜 피로회복에 유용하여 지구력을 증가시키고 자연사멸세포(natural killer cell)의 활성화를 통한 면역증강작용과 항종양작용 등의 약효가 주목받고 있다.

4.5.4 카페인

커피나 차에 함유되어 있는 카페인은 지방산의 분해를 촉진하여 지구력을 증가시킨다. 카페인은 포스포디에스테라아제(phosphodiesterase) 활성을 감소시켜 cAMP가 AMP로 되는 것을 저해한다. cAMP는 호르몬-감수성 지질분해효소(hormone-sensitive lipase, HSL) 활성을 증가시켜 체지방의 분해 및 β-산화가 증가되어 지구력 운동능력이 향상된다.

4.5.5 카르니틴

비타민 B_T인 카르니틴은 세포질에서 미토콘드리아로 이동하는 지방산 운반체로서 체내 지방 연소를 촉진시키고 지방산 이용 및 β-산화를 증가시켜 지구력 운동능력을 향상시킨다.

4.5.6 옥타코사놀

고급 포화알코올인 옥타코사놀(octacosanol)은 철새들의 에너지원으로 지구력을 증진시킨다.

제 5 장 운동과 단백질

5.1 필수 아미노산과 단백질

골격근은 수분과 단백질로 되어 있으며 체중의 35~40%를 차지하고 있는 인체단백질의 주요 저장 역할을 한다. 인체단백질을 구성하는 아미노산은 20종류이며 그 중 8종류가 성인의 필수 아미노산이다. 필수 아미노산은 체내에서 합성할 수 없어 반드시 음식물로 섭취해야 하는 아미노산으로 아이소루신(Ile), 메티오닌(Met), 트레오닌(Thr), 트립토판(Trp), 루신(Leu), 라이신(Lys), 페닐알라닌(Phe), 발린(Val) 등이 있다(표 5-1). 음식물 중 단백질을 구성하는 필수 아미노산 중에서, 분지쇄 아미노산(branched chain amin acid, BCAA : 루신, 아이소루신, 발린)이 점유하는 비율은 약 50%로 매우 높고, 인체의 근육단백질 중 분지쇄 아미노산(BCAA)의 비율은 약 35%로 높다. 따라서 근육 형성에는 분지쇄 아미노산의 역할이 매우 중요하다. 이러한 필수 아미노산을 모두 포함한 동물성 단백질을 완전 단백질이라 하며 한 가지 이상

표 5-1 식이아미노산

필수 아미노산	비필수 아미노사
히스티딘(istidine)	알라닌(alanine)
이소류신(isoleucine*)	아르기닌(arginine**)
류신(leucine*)	아스파라긴(asparagine)
리신(lysine)	아스파르트산(aspartic acid)
메티오닌(methionine)	시스테인(cysteine**)
페닐알라닌(phenylalanine)	글루탐산(glutamic acid)
트레오닌(threonine)	글루타민(glutamine**)
트립토판(tryptophan)	글리신(glycine**)
발린(valine*)	프롤린(proline**)
	세린(serine)
	티로신(tyrosine**)

* 분지쇄 아미노산
** 조건부 필수 아미노산

의 필수 아미노산이 결여된 식물성 단백질을 불완전 단백질이라 한다. 단백질의 권장섭취는 동물성 단백질과 식물성 단백질의 비가 6 : 4이며 이는 아미노산의 보강효과가 있다. 권장 단백질은 성인의 경우, 1일 열량인 2,500 kcal의 10%로 체중 1 kg당 0.8 g 정도이며 권장 필수 아미노산은 성인의 경우 권장 단백질의 25%이다.

5.2 아미노산 대사

5.2.1 아미노산의 분해대사

인체의 근육에서 산화 가능한 아미노산은 아스파르트산, 글루탐산, 알라닌과 3개의 분지쇄 아미노산(BCAA) 등 총 6종류이고, 이들 중 분지쇄 아미노산이 주로 산화된다. 아미노산의 분해로 생긴 탄소골격과 아미노기는 다른 권장섭취에 따라 처리되는데, 즉 탄소골격은 포도당, 지방, 또는 완전 산화되며, 아미노기는 아미노기전이반응을 통해 알파-케토산(α-keto acid)에 전달되어 다시 아미노산을 생성하거나, 탈아미노반응으로 생성된 암모니아는 간에서 요소로 전환되어 요로 최종 배설된다(그림 5-1).

Amino acid → NH_3(아미노기) + α-Keto acid(탄소골격)

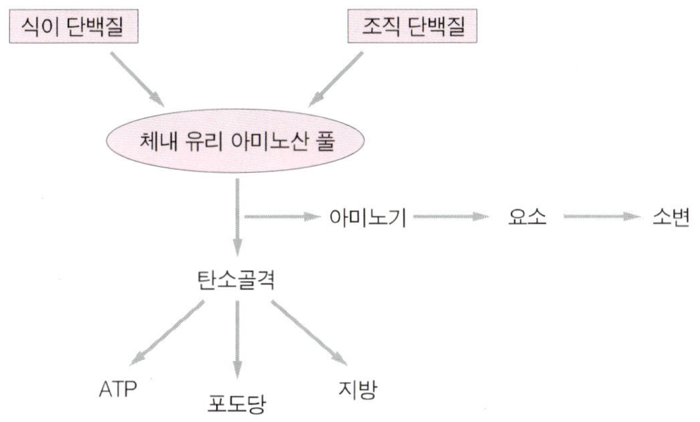

그림 5-1 체내 아미노산의 분해대사 경로

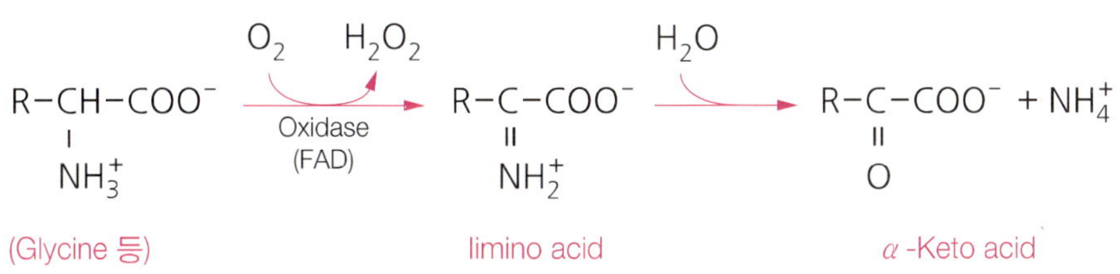

그림 5-2 산화적 탈아미노반응

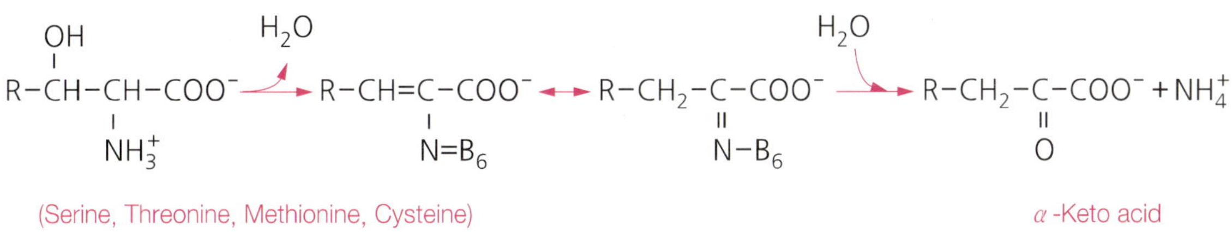

그림 5-3 비산화적 탈아미노반응

(1) 탈아미노반응

아미노산이 완전히 분해되기 위해서는 먼저 아미노산에서 α-아미노기가 탈아미노반응에 의해 가수분해되어야 한다. 탈아미노반응은 아미노산의 아미노기가 산화되어 이미노산이 된 다음 가수분해되는 산화적 탈아미노반응과 피리독실 인산(pyridoxal phosphate, PLP)을 조효소로 하는 탈수소효소(hydratase)가 작용하는 비산화적 탈아미노반응 등으로 일어난다(그림 5-2, 그림 5-3).

(2) 아미노기전이반응

탈아미노반응 중의 하나인 아미노기전이반응은 아미노기전이효소(transaminase, aminotransferase)에 의해 아미노산의 α-아미노기를 α-케토산에 전달하여 새로운 아미노산을 생성하는 반응이다(그림 5-4). 이 반응은 가역적이며 모든 아미노기전이효소는 조효소로 비타민 B_6(pyridoxine) 유도체인 PLP를 필요로 하며 α-아미노기 수용체인 α-케토산은 α-케토글루타르산(α-ketoglutarate)이다.

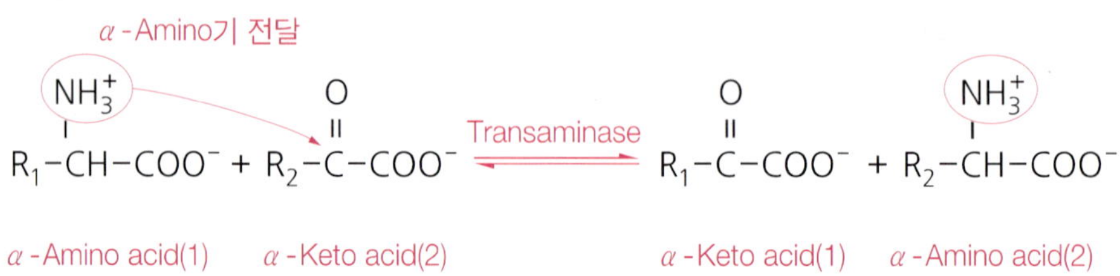

$$R_1-CH(NH_3^+)-COO^- + R_2-C(=O)-COO^- \rightleftharpoons R_1-C(=O)-COO^- + R_2-CH(NH_3^+)-COO^-$$

그림 5-4 아미노기전이반응

(3) 요소 회로

요소 회로(urea cycle)는 아미노산 분해에서 생긴 α-아미노기(NH_3)를 글루타민과 알라닌이 결합하여 혈액을 통해 간으로 운반한 후, ATP를 사용하여 요소로 체외 배설하는 일련의 순환과정이다(그림 5-5). 암모니아는 뇌에 독성을 유발하는 물질이기 때문에 여러 조직에서 생성된 아미노산의 α-아미노기는 최종적으로 제거되어야 한다.

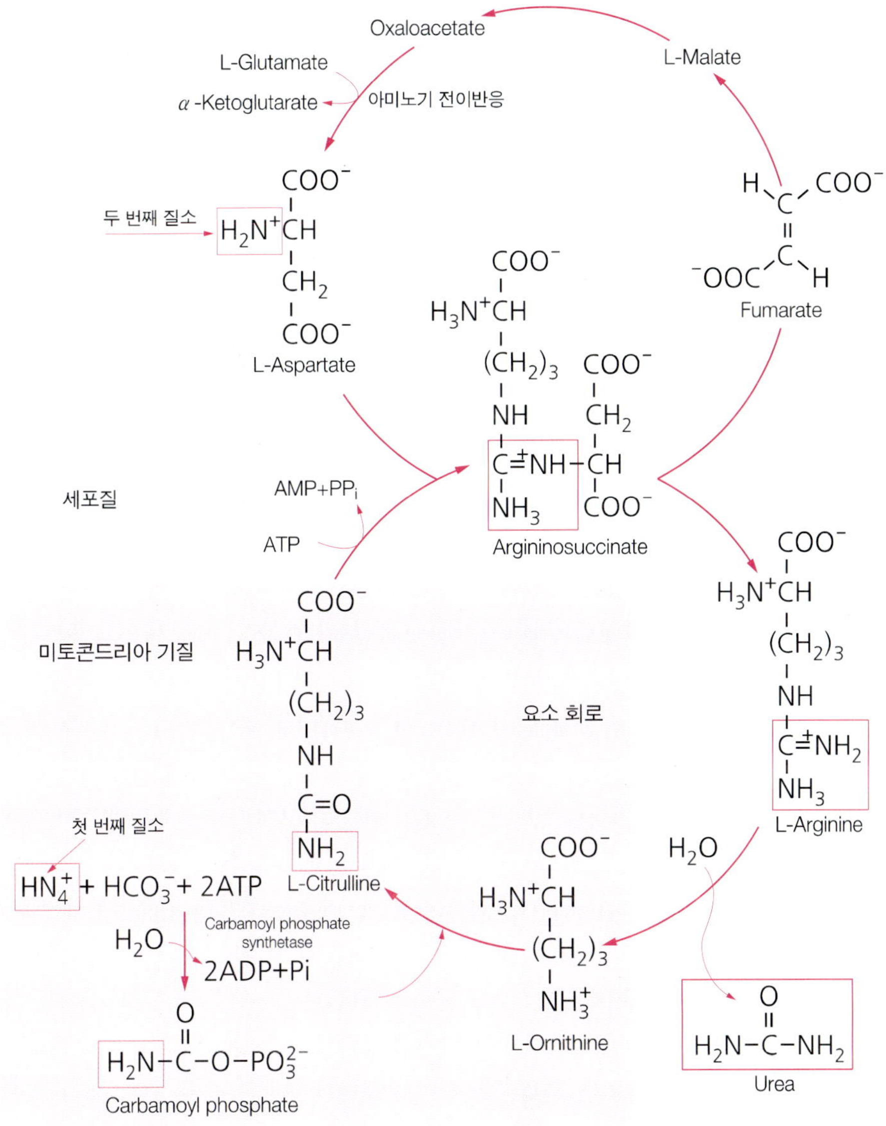

그림 5–5 요소 회로

(4) 탄소골격의 분해대사

20종류의 아미노산의 탄소골격은 크게 피루브산, 아세틸-CoA, 아세토아세틸-CoA 및 TCA 회로의 중간체 등 네 가지로 변환되는데 대부분의 탄소골격은 최종적으로 TCA 회로로 들어가 에너지원으로 사용된다(그림 5-6).

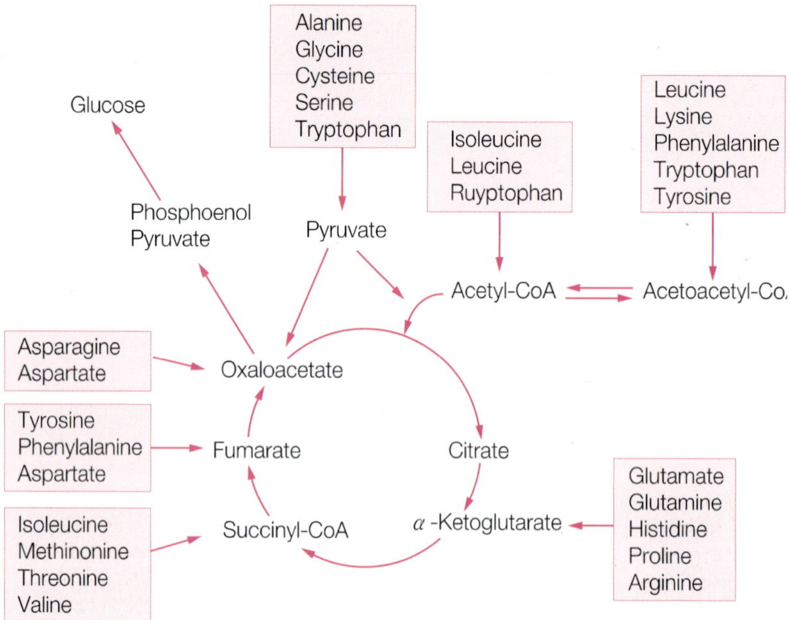

그림 5-6 탄소골격의 분해대사

탄소골격이 피루브산이나 TCA 회로의 중간체로 분해되는 아미노산은 체내에서 당신생과정을 통해 포도당을 생성할 수 있는데 이와 같은 아미노산을 당생성 아미노산(glucogenic amino acid)이라 한다. 반면, 탄소골격이 아세틸-CoA나 아세토아세틸-CoA로 분해되는 아미노산은 케톤체(ketone body)를 생성할 수 있는데, 이와 같은 아미노산을 케톤체생성 아미노산(ketogenic amino acid)이라 한다. 대부분의 아미노산은 당생성 아미노산이며 류신과 라이신은 케톤체생성 아미노산이다(표 5-2).

> 당생성 아미노산(glucogenic amino acid) :
> 　　α-Keto acid(탄소골격) → Glc(대부분)
>
> 케톤체생성 아미노산(ketogenic amino acid) :
> 　　α-Keto acid → Acetyl-CoA → 케톤체(Leu, Lys)

표 5-2 당생성 및 케톤체 생성아미노산

Ketogenic	Ketogenic 및 glucogenic	Glucogenic
Leucine	Iosleucine	Alanine
Lysine	Phenylalanine	Arginine
	Tryptophan	Aspartic acid
	Tyrosine	Asparagine
		Cysteine
		Glutamic acid
		Glutamine
		Glycine
		Histidine
		Mistidine
		Methionine
		Proline
		Serine
		Threonine
		Valine

5.2.2 운동과 아미노산의 분해대사

운동 중 알라닌(Ala)과 분지쇄 아미노산(BCAA) 농도는 증가하는 반면, 글루타민(Gln)은 감소된다. 분지쇄 아미노산은 음식물의 단백질 또는 근육단백질에 다량 함유된 필수 아미노산으로 운동에 의한 단백질의 대사에서 중심적인 역할을 하며, 글루타민과 알라닌은 아미노기의 수송에서 중요한 역할을 한다(그림 5-7).

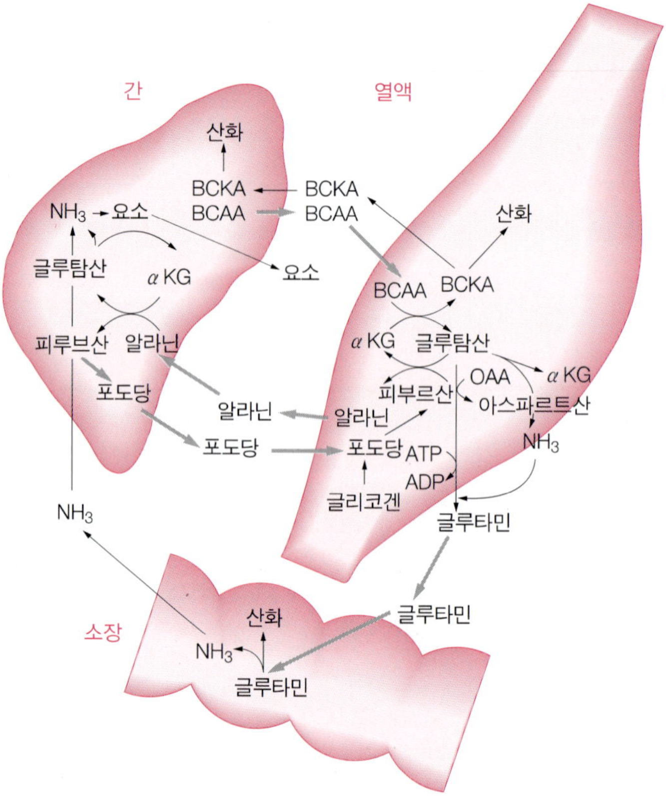

그림 5-7 운동 중 조직간의 아미노산 이동

(1) 포도당-알라닌 회로

운동 중에서는 간글리코겐이 현저하게 감소되며 따라서 혈당 유지를 위해서 간에서 활발하게 당신생과정이 일어난다. 만일 당신생과정이 억제되면, 운동의 지속 능력이 저하된다. 당신생과정의 기질로 알라닌이 매우 중요한데 근육에서 피루브산으로부터 생성된 알라닌이 간에서 포도당(glucose)으로 전환되고, 이 포도당이 근육에서 재사용되어 포도당-알라닌회로(glucose-alanine cycle)를 형성한다(그림 5-8). 이 회로에서 분지쇄 아미노산은 피루브산으로 보내는 아미노기의 주요한 공급원이다. 운동강도가 증가할수록 포도당-알라닌회로가 활발해져 혈액 내의 알라닌의 농도도 증가한다.

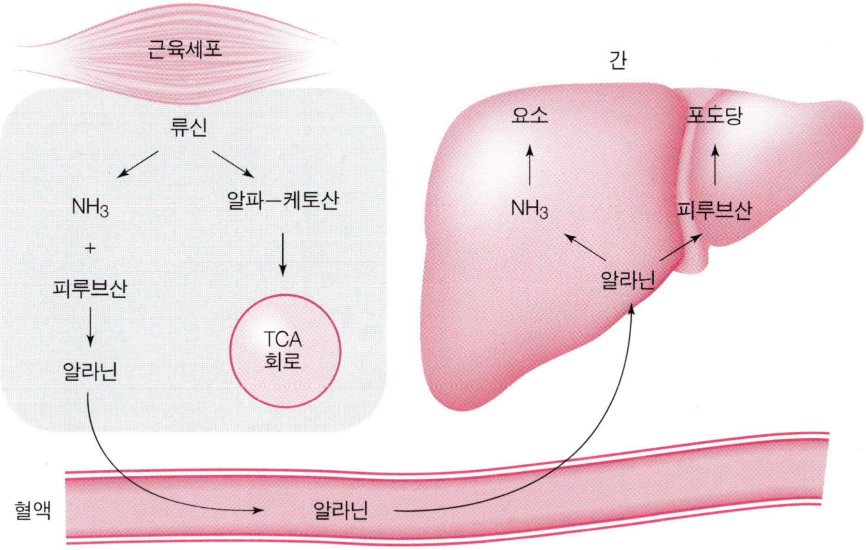

그림 5-8 포도당-알라닌 회로(glucose-alanine cycle)

(2) 분지쇄 아미노산

운동으로 근육에서의 단백질 분해가 촉진되면 근육 내의 분지쇄 아미노산 농도가 높아진다. 분지쇄 아미노산의 분해대사는 근육의 미토콘드리아 내에서 먼저 분지쇄 아미노산 아미노기전이효소(branched chain amin acid aminotransferase)에 의한 아미노기전이반응 후, 분지쇄 알파-케토산 탈수소효소((branched chain α-keto acid dehydrogenase, BCKDH)에 의한 산화적 탈탄산반응이 일어난다. 즉, 운동으로 인하여 근육 내 분지쇄 아미노산 아미노기 전이효소의 활성이 증가하면 분지쇄 알파-케토산 농도도 증가하고 따라서 축적된 분지쇄 알파-케토산의 분해가 TCA 회로에서 촉진된다. 또한 운동으로 해당과정이 활발하여 젖산이 축적되면, 근육세포 내가 산성화되며 분지쇄 알파-케토산이 미토콘드리아로부터 방출되는 것을 억제한다. 근육세포의 산성화는 미토콘드리아 내의 분지쇄 알파-케토산을 축적시키고, 분지쇄 아미노산 분해를 촉진시킨다.

5.2.3 중추성 피로가설

(1) 트립토판

트립토판과 분지쇄 아미노산은 뇌혈액관문(blood-brain barrier)의 수용체가 같기 때문에 뇌혈액관문을 통과할 때 트립토판과 분지쇄 아미노산은 뇌조직에서 서로 경쟁한다. 고강도 운동시 분지쇄 알파-케토산 탈수소효소(BCKDH)에 의해 분지쇄 아미노산이 분해되어 에너지원으로 사용된다. 이때 혈중 트립토판 농도에 대한 분지쇄 아미노산 농도가 감소되면 뇌조직으로의 트립토판이 증가하고, 세로토닌이 증가하여 중추신경계 진정효과가 촉진되어 피로가 유발된다. 운동 전후 분지쇄 아미노산을 섭취 시 트립토판의 뇌유입을 저해하기 때문에 중추피로예방에 효과적이다.

(2) 암모니아

뇌에 암모니아가 축적되면, 글루타민을 생성하여 글루탐산을 감소시킨다. 글루탐산은 주요 신경전달물질인 γ-아미노부티르산(gamma-aminobutyric acid, GABA)의 생성에 필요하기 때문에 글루탐산의 감소는 GABA의 감소를 유발시켜서, 신경계의 기능 저하를 가져와 중추성 피로의 원인이 된다. 한편, 근육에 암모니아가 축적되면, 해당과정의 과당인산 인산화효소(phosphofructokinase, PFK)가 활성화되어 해당과정이 활발히 진행되고 젖산 생성이 촉진되어 근육이 산성화된다. 또한 암모니아는 TCA 회로의 중간체인 α-케토글루타르산(α-ketoglutarate)과 결합하여 글루탐산을 생성시켜 TCA 회로를 저해시킨다.

5.3 운동과 단백질대사

5.3.1 운동과 단백질 합성

근육의 단백질량은 단백질의 합성과 분해대사에 의해 결정되는데, 단백질 합성은 근력 운동을 증가시키나 지구력 운동은 감소시킨다. 운동시 단백질 합성의 조절인자는 아미노산 농도, 호르몬 농도, 세포의 에너지 상태 등이 있다.

(1) 아미노산 농도

운동시 근육단백질이 분해되어 혈중 분지쇄 아미노산(BCAA)과 알라닌(Ala)의 농도는 증가되나 글루탐산(Glu)과 글루타민(Gln)은 감소된다. 운동으로 인해 단백질 합성은 감소하고 분해는 증가되어 유리 아미노산 풀(pool)은 증가되어 새로운 단백질 합성의 전구체로 이용된다. 운동에 따른 아미노산 농도의 변화는 단백질 합성의 조절인자로 작용하지 못한다.

(2) 호르몬 농도

장시간 지구력 운동시, 인슐린 분비는 감소하고 아드레날린(에피네프린) 분비는 촉진되어 근육단백질 합성은 증가된다.

(3) 세포의 에너지 상태

근육수축인 운동은 세포 내 ATP를 감소시켜 단백질 합성이 감소된다.

5.3.2 근육단백질의 분해 지표

(1) 요 소

식이 또는 체내 단백질의 분해는 아미노산으로 분해된 후 아미노산이 아미노기와 탄소골격으로 분해되고 아미노기는 요소 회로를 통해 최종적으로 요소로 체외 배설된다. 요소는 단백질 분해와 비례하며 체내의 분해 단백질량은 소변의 요소량으로 측정할 수 있다. 운동시 단백질 분해는 이러한 요소량으로 측정이 가능하다.

(2) 3-메틸히스티딘

3-MH(3-methylhistidine)는 근육수축단백질의 구성성분으로 골격근 분해시 3-MH가 유리되어 소변으로 체외 배설된다.

$$CH_3\text{-His} \rightarrow CH_3 + His$$

3-MH는 체내 근육량에 비례하며 소변 내 3-MH 배설량으로 운동시 근육단백질의 분해량을 측정할 수 있다.

5.3.3 탄수화물 섭취와 단백질 분해

운동의 주요 에너지원은 탄수화물과 지방이며 신체조직의 주요 구성성분인 단백질은 운동 에너지원으로서 많은 비중을 차지하지 않는다. 운동 중의 단백질의 분해는 탄수화물 섭취에 의해 영향을 받는데, 즉 충분한 탄수화물을 섭취하여 운동한 경우는 그렇지 않은 경우보다 운동 중 또는 운동 후 혈중 요소농도가 감소되고, 요 또는 땀으로 배설되는 요소량도 꽤 작아진다. 따라서 탄수화물의 섭취는 운동에 의한 단백질 분해를 결정하며 이는 글리코겐 축적이 불충분한 상태에서 운동하면, 운동에 의한 단백질 분해가 증가하는 것을 의미한다.

5.3.4 분지쇄 아미노산의 효과

운동 전 분지쇄 아미노산의 섭취는 운동 중 근육단백질 분해의 억제효과를 나타낸다. 한편, 분지쇄 아미노산 중 류신은 췌장으로부터의 인슐린 분비를 촉진하여 인슐린에 의한 근육단백질 합성을 증가시켜 근육단백질의 분해를 억제한다. 그러므로 운동 후 근육단백질 합성이 상승되는 시기에 분지쇄 아미노산을 충분히 섭취하는 것은 근육 증가에 상당히 중요하다.

5.4 단백질 식이

지구력 또는 근력 운동선수는 운동시 분해되는 단백질을 고려하여 경기력 향상을 위하여 성인 권장량 이상의 단백질 섭취를 필요로 한다.

유산소성(지구력) 운동선수는 간과 근육의 유리아미노산풀(pool)에서 공급받는 아미노산이 산화되어 에너지를 공급받으며 1일 권장 단백질섭취량은 체중 kg당 1.2~1.4 g이다. 반면, 주 운동 에너지원이 당질인 저항성(근력) 운동선수는 1일 권장 단백질섭취량이 체중 kg당 1.6~1.7 g이며 바디 빌더 같은 고강도 근력 운동선수는 2.0~2.5 g이다(표 5-3).

표 5-3 운동에 따른 권장 단백질섭취량

	단백질 g / 체중 kg
무활동자	0.5
근력 훈련, 유지	1.2~1.4
근력 훈련, 근량 증대	1.6~1.7
지구력 훈련	1.2~1.4
간헐성, 고강도 훈련	1.4~1.7
체중 제한	1.4~1.8

- 수치는 단백질대사와 운동에 권위 있는 학자들의 권장사항을 재조정하여 나타낸 것이다. 10대는 여기에 10%를 더한다.
- 체중을 kg으로 환산하기 위해서 자신의 체중에 0.454를 곱한다. 그리고 kg으로 표기된 자신의 체중에 위의 해당하는 수치를 곱한다. 그러면 1일 필요량이 나온다. 10대는 이 수치에 10%를 더한다.

5.4.1 지구력 운동

단백질은 지구력 운동에너지의 10% 정도를 차지하며 철인 3종경기 등 극소수 고강도 운동을 제외하고는 지구력 운동의 주요 에너지원은 아니다. 다만, 운동 후 글리코겐의 회복을 촉진시키고 지구력 운동에 의해 근육의 분해나 손상을 방지하기 위하여 계란, 콩, 우유 등 필수 아미노산인 균형이 좋은 양질의 단백질을 섭취하는 것이 필요하다.

5.4.2 근육 증강

근육은 단백질과 수분의 형태로 합성과 분해를 반복하고 있기 때문에 단백질의 섭취는 근육의 증강과 깊은 관계가 있다. 체내에서 아미노산의 필요량이 다 차면, 근육 증강을 위한 단백질 섭취는 효과가 없다. 한편, 탄수화물이 부족해지면 근육의 분해가 일어나 근육의 증가는 일어날 수 없다. 근육 증강을 위해서는 반드시 탄수화물을 충분히 섭취한 후 단백질을 섭취하는 것이 필요하다. 근육 증강과 운동 중 단백질 분해를 억제하기 위해서는 분지쇄 아미노산을 많이 포함한 대두단백질 또는 밀단백질 등의 섭취가 바람직하다.

5.4.3 단백질 결핍 또는 과잉

운동시 단백질 섭취가 부족하면 혈중 단백질이 근육으로 이동하여 저단백혈증이 일어나고 혈중 헤모글로빈 농도가 낮아져 운동성 빈혈(스포츠빈혈)이 유발된다. 반면, 단백질을 과잉섭취하면 여분의 아미노산이 분해되고 암모니아(NH_3)가 증가되어 요소 회로가 활발히 일어나 간과 신장에 부담을 준다. 특히, 여성의 과잉 단백질 섭취는 소변 내 칼슘(Ca)의 배설을 증가시켜 골다공증이 발생할 수 있으며, 또한 단백질대사는 많은 수분을 필요로 하기 때문에 과다한 수분섭취량을 유발시킨다. 한 가지 또는 특정 아미노산의 다량 섭취도 체내 아미노산의 불균형이 일어나 독성으로 작용할 수 있다.

5.5 아미노산 보충제

5.5.1 분지쇄 아미노산

분지쇄 아미노산(branched chain amin acid, BCAA)은 고강도 운동의 에너지원으로 운동 전후 BCAA를 보충하면 트립토판(Trp, 세로토닌)의 뇌유입을 저해시켜 중추피로를 예방할 수 있다.

5.5.2 크레아틴

크레아틴(creatine)은 글라이신(Gly)과 아지닌(Arg)이 반응하여 생성된 아민(amine)으로 근육의 저장 에너지원으로 순발력을 향상시킨다.

5.5.3 β-히드록시-β-메틸부티르산(HMB)

HMB(β-hydroxy-β-methyl butylate)는 류신(Leu) 분해의 대사산물로서 근육량을 증가시키고, 체지방을 감소시켜 근력(파워) 운동을 향상시킨다.

제 6 장

운동과 비타민

영양학의 발전으로 비타민 섭취가 여러 질병의 예방과 치유 효과에 대한 연구 결과들이 발표되었으며, 운동선수들은 운동으로 인한 에너지대사 항진, 땀으로 손실, 피로 회복, 체력이나 경기력 향상을 목적으로 비타민 보충제를 섭취하는 경향이 있다. 그러나 비타민 필요량에 대한 연구는 운동선수의 훈련이나 경기력 향상에 영향을 준다는 연구와 상반된 결과도 많이 있어, 섭취량까지 정하는 것은 지속적인 연구가 필요한 것 같다. 그러나 비타민 결핍증을 예방하기 위해서는 관련 연구 중심으로 고찰하고, 관련 기전을 공부하는 것은 앞으로의 스포츠 영양학 발전을 위해 필요한 것으로 생각된다.

한편, Van der Beek(1984)들은 비타민 B군과 C 결핍이 AT치와 최대 산소섭취량에 미치는 영향에 대해 이중맹검법으로 연구한 결과에서 8주간 결핍식을 투여한 결과 AT는 16%, 최대 산소섭취량은 24% 저하되었으며, 그 후 2주간의 비타민의 보급으로 회복되었다고 하여 비타민 등의 영양상태가 좋은 것이 체력, 운동 능력의 기초가 됨을 보고하였다(그림 6-1).

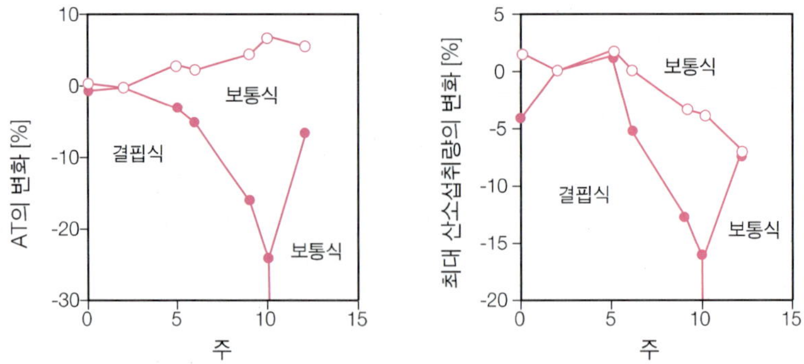

그림 6-1 비타민 B_1, B_2, B_6 또는 C를 결핍시키거나 다시 섭취시켜서 AT (무산소 역치 : 혈중 젖산 농도가 4 mM인 시점)와 최대 산소섭취량의 비교 (2주째의 값을 기준으로 한 변화율을 %로 표시 : Van der Beek et al., 1984)

6.1 운동에서 에너지대사와 비타민

운동은 연속적인 근육의 수축과 이완으로 이에 필요한 에너지인 ATP(adenosine triphosphate)는 체내 저장량이 극히 적어 지속적으로 합성되어 공급되어야 한다. 운동의 종류나 강도, 시간에 따라서는 혐기적인 (무산소적인) 상태로 공급받기도 하나, 운동의 지속을 위해서는 유산소적인 공급을 받아야 한다. 여기에서 혐기적인 상황에서 공급받을 수 있는 에너지 공급원은 탄수화물, 즉 글리코겐이 유일하므로 운동선수에게 글리코겐 loading은 중요한 의미를 갖는 것이다.

탄수화물은 단당류로 분해되어 간장과 근육에 글리코겐으로 저장되고 일부는 혈액에서 포도당으로 존재한다. 간을 비롯한 여러 기관들의 포도당 대사는 동적인 평형(dynamic equilibrium)으로 모든 세포들은 에너지를 얻기 위해 포도당을 지속적으로 공급받는다.

포도당 분해는 혐기성과 호기성 과정이 있으며, 혐기적 과정은 세포질에서 해당과정(glycolysis) 또는 EMP(Embden-Meyerhof Pathway)에 의해 포도당이 피루브산으로 산화된다. 호기성 과정은 미토콘드리아에서 TCA 회로(tricarboxylic acid cycle), 구연산 회로(citric acid cycle) 또는 크렙스 회로(Krebs cycle)를 통해 반응하는 것으로, 이 두 과정은 연결되어 해당반응, 연이어 TCA 회로반응이 일어나고, 이 반응에는 단백질과 지질, 무기질, 비타민과 여러 종류의 조효소들이 관여한다. 따라서 이 장에서는 운동에 필요한 ATP 생성과정과 비타민과의 대사들을 소개하겠다.

6.1.1 해당과정과 비타민

해당과정(glycolysis)은 세포질(cytosol)에서 글리코겐이나 포도당이 피루브산이나 젖산으로 분해되고, 에너지와 글리세롤을 공급받는 과정이다. 여기에서 포도당은 간과 근육에서의 글리코겐분해(glycogenolysis, 당원분해)로, 간에서 아미노산이 포도당 신생작용(gluconeogenesis, 포도당 신생합성), 식사를 통해 공급받은 것들이다. 해당과정은 ATP로부터 인산을 받아 인산화(phosphorylation)된 포도당이 여러 단계를 거쳐 피루브산 2분자와, ATP 2분자와 수소 원자(H^+) 4개가 방출되고, 방출된 전자와 수소 원자(H^+)들은 NAD(nicotinamide adenine dinucleotide)와 결합하여 환원형 NADH를 만들기 때문에, 해당반응 결과 NADH 2분자가 생성되고, 수소 원자(H^+) 2개가 방출되는 것이다.

NADH 전자에 저장된 화학에너지는 전자전달계(electron transport chain)을 거쳐서 ATP로 전환되며, 포도당 이외의 다른 단당류들도 포도당으로 전환된 후 같은 과정으로 대사된다.

NADH를 다시 NAD로 전환시켜 NAD를 재활용하는 과정은 유산소 경로이므로, 즉 심한 운동으로 세포에 산소가 부족할 때는 NADH와 H^+가 피루빈산을 환원하여 젖산과 ATP를 생성한다. 포도당은 ATP 2분자, 글리코겐은 ATP 3분자를 생성하고, 그 후 산소가 공급되면, 젖산은 피루빈산으로 되어, 그 중의 20~25%가 TCA 회로에서 분해되어 에너지를 생성하고, 이 에너지로 남은 피루빈산은 글리코겐으로 재합성된다.

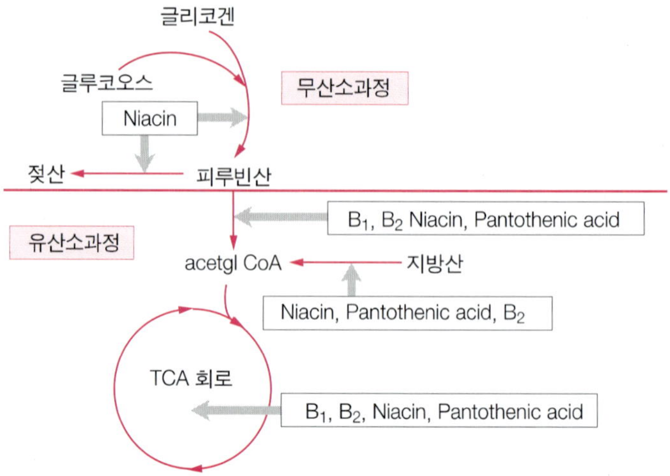

그림 6-2 근육에서의 에너지 생산 시스템과 비타민

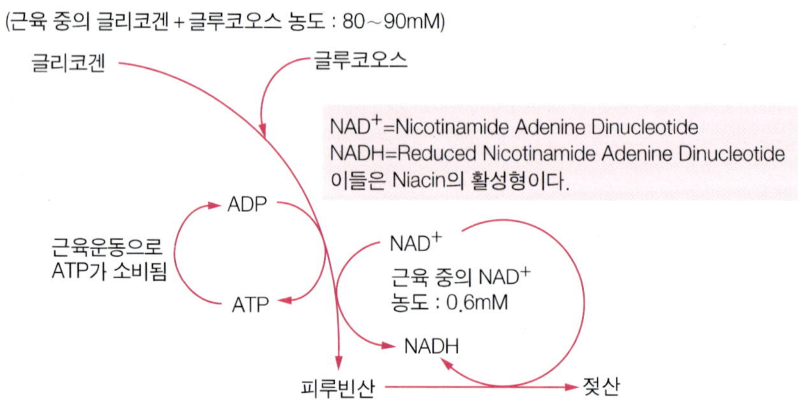

그림 6-3 무산소 상태의 근육에서의 ATP 생산 시스템과 NAD^+의 중요성

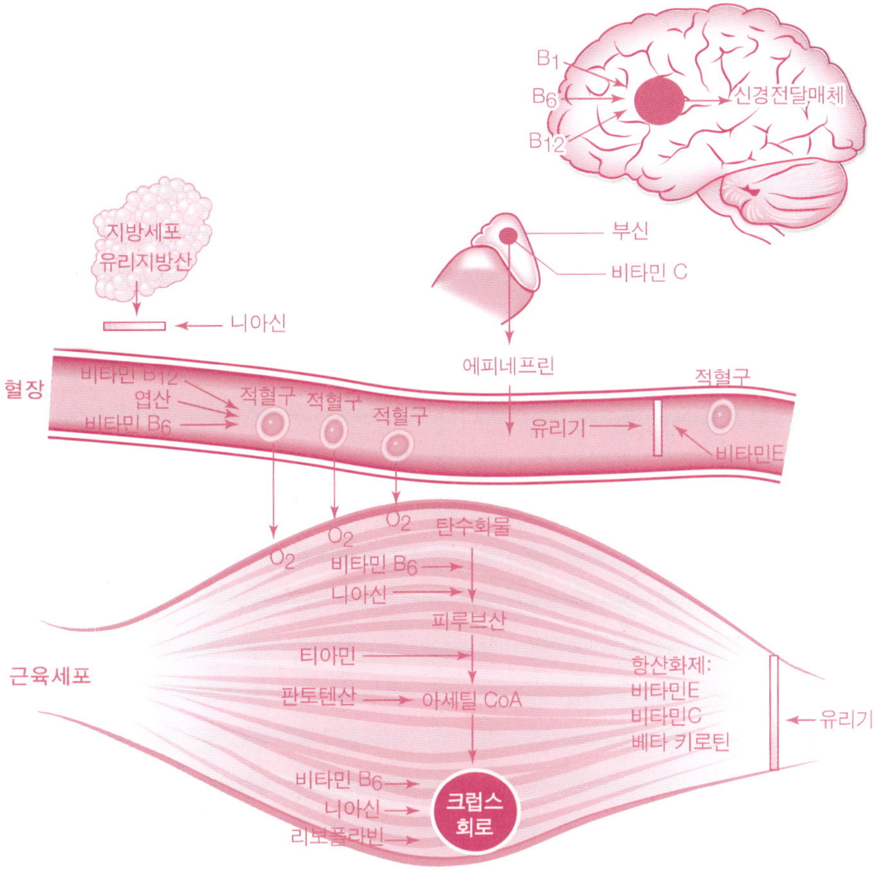

그림 6-4 에너지대사와 비타민

결과적으로 해당과정에서 포도당 1분자는 피루브산 2분자와 ATP 8분자를 만들며, 이 반응에서 hexokinase, phosphofructokinase, pyruvate kinase 효소들은 ATP 농도에 따라 활성속도를 조절하고, 특히 NADH에서 NAD^+로의 전환반응에서 속도조절기질은 NAD^+이므로, 무산소 운동에는 나이아신의 양이 중요하다고 볼 수 있다.

포도당 혹은 글리코겐은 호기적 해당과정에서 생성된 NADH를 NAD^+로 되돌릴 필요 없이 아세틸-CoA로 되기 때문에 TCA 회로에서 완전히 분해되어 많은 ATP를 생산하게 된다. 따라서 유산소 운동량에 따라 더 많은 B_1, B_2, 나이아신, 판토텐산이 소비될 것이다(그림 6-2, 6-3, 6-4).

6.1.2 TCA 회로와 비타민

해당과정에서 생긴 피루브산은 TCA(tricarboxylic acid cycle) 회로에서 분해하여 이산화탄소 2분자와 물과 ATP 15분자를 생성한다.

피루브산은 아세틸-CoA(acetyl coenzyme A)로 전환되며, 이 반응은 비가역성이면서 또 하나의 NADH가 NAD에서 형성되며, 잠재적 ATP는 더 많게 된다.

피루브산이 아세틸-CoA로 전환될 때 피루브산 탈수소효소(pyruvate dehydrogenase) 복합체의 조효소로 티아민 피로인산(비타민 B_1 pyrophosphate), FAD, NAD, 리포산, 코엔자임 A(panthothenic acid)가 필요하다(그림 6-5).

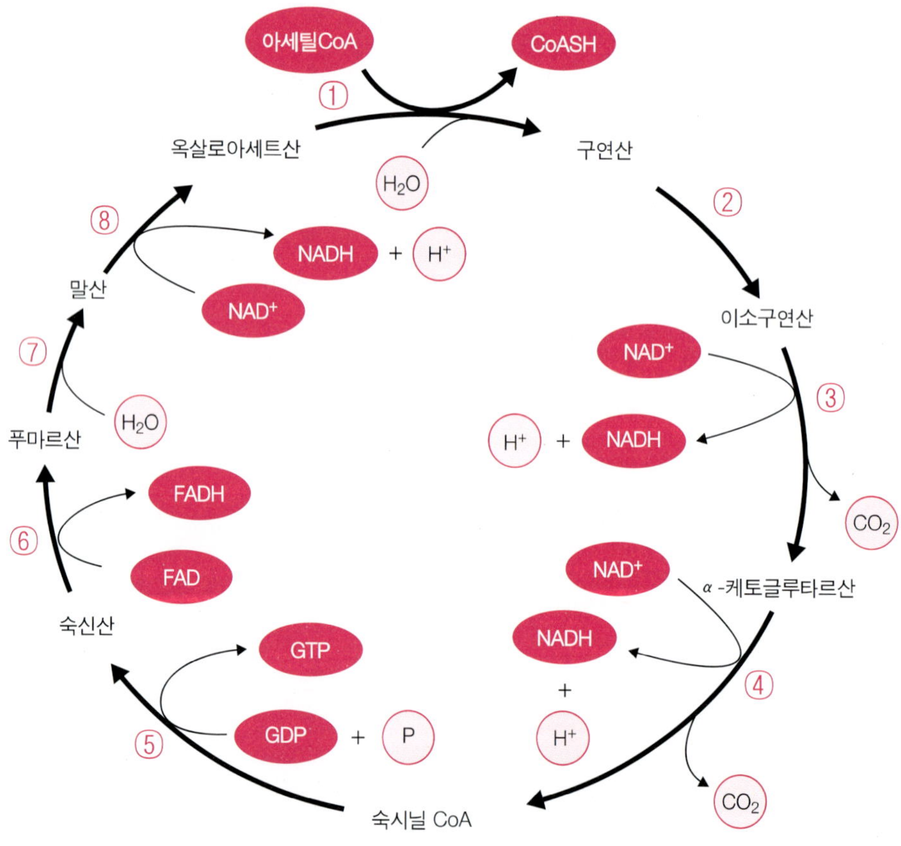

그림 6-5 구연산 회로와 비타민

표 6-1 구연산 회로의 조효소

조효소	기능
티아민피로인산(TPP)	탈카르복시화와 알데히드기 전이
리포산	수소 또는 아세틸기의 운반체
NADH	전자운반체
$FADH_2$	전자운반체
조효소 A(CoASH)	아세틸기 운반체

구연산 회로는 일련의 화학반응을 통해 단계적으로 옥살로아세트산을 만들고, 이산화탄소 2분자가 유리되며, 이 과정에서 잠재적 ATP는 3분자의 NADH 3분자, $FADH_2$ 2분자, 구아노신-3-인산(ATP 유사물질인 GTP)은 GTP와 인산이 결합된 GTP 1분자가 생성되어 전자전달계를 거치면서 ATP를 생성한다.

포도당 이외에 지질이나 아미노산도 에너지 생성을 위해서는 구연산 회로를 통해야 하고, 이 반응에서 피루브산 탈수소효소(pyruvate dehydrogenase) 복합체는 ATP나 NADH 농도에 따라 반응속도를 조절한다.

특히 유산소 상태에서 에너지를 생성할 때 지방산에서 아세틸-CoA가 되는 β 산화에서도, 나이아신, 판토텐산, 비타민 B_2가 관여하고 있으며, 위와 같이 구연산 회로는 유산소과정이므로, 해당과정보다 에너지가 많이 발생되고, 따라서 세포에는 산소공급이 중요하다.

6.1.3 전자전달계

당질, 단백질, 지질, 알코올의 대사로 생성된 NADH와 FADH2는 미토콘드리아 내막의 전자전달계(electron transport chain)를 거쳐 ATP를 합성한다.

전자전달계에서 NADH는 FAD 유도체인 FMN(flavin mononucleotide)에 화학에너지를 공급한다. NADH는 NAD^+로 전환되면서 ATP 1분자를 생성하고, FMN은 $FMNH_2$로 전환된다. 산화효소인 시토크롬은 $FMNH_2$에서 FMN으로 환원되고, 이때 NAD^+는 탈수소효소에 의해 유리된 H_2를 NADH + H^+로 만

든다. NADH + H^+는 전자전달계로 보내져 호흡으로 들어온 산소와 결합하여 물과, 3 ADP + 3 Pi → 3 ATP를 생성한다.

이와 같이 전자전달계는 산화-환원효소가 전자를 수소 이온과 활성산소와 결합하여 물을 합성하고, 이때 생성된 에너지로 ADP를 인산화하여 ATP 등의 고에너지 화합물을 합성하는 것이다.

전자전달계에서의 ATP 생성은 산소가 필요한 반응으로, 젖산으로의 환원으로 NADH를 NAD로 재활용하는 해당작용, TCA 회로에서 NADH와 $FADH_2$를 재활용할 수 없는 과정과는 달라, 해당반응과 TCA 회로, 지방산의 β-산화 결과인 NADH + H^+와 $FADH_2$도 전자전달계를 경유하여 물이 된다.

따라서 유산소 운동량이 많을 때에는 평상시에 비해 niacin, riboflavin 등이 소비될 것으로 생각할 수 있다.

6.1.4 글리코겐 대사

글리코겐 로딩(loading)은 마라톤 등에서 최후의 골인지점을 향한 스프린트나 혐기적인 상황에서 에너지를 신속하게 공급받을 수 있다.

(1) 글리코겐 분해

간과 근육에 글리코겐 합성으로 혈당을 조절하는 과정으로, 포도당 1분자가 글리코겐을 합성할 때에는 ATP 2분자가 필요하다. 즉, 활성화된 포도당-6-인산을 포도당-1-인산으로, UDP 포도당이 된 후 인슐린에 의해 글리코겐 합성효소 분비로 글리코겐을 합성한다.

간에는 간 무게의 6% 정도인 100 g의 글리코겐을, 근육에는 중량의 1% 정도의 250 g을 저장할 수 있으며, 근육에는 glycogen loading으로 경기나 시합전에 글리코겐을 축적할 수 있다.

운동 중 에너지가 필요할 때 글리코겐이 포도당으로 분해되는 과정을 글리코겐 분해(glycogenolysis)라 한다. 이 과정은 에프네프린, 노르에피네프린, 글루카곤이 세포막의 cAMP를 자극하여 글리코겐 인산분해효소(phosphorylase)를 활성화시켜 포도당-1-인산, 포도당-6-인산으로 된 후

glucose-6-phophatase에 의해 포도당으로 전환되는 것으로 ATP 소비 없이 포도당을 공급할 수 있다.

근육의 글리코겐은 호기적으로는 포도당-6-인산에서 시작하여, 피루빈산 2분자와 ATP 9분자를 내고, 혐기적 과정에서는 젖산 2분자와 ATP 3분자를 생성한다.

혐기적 과정에서 글리코겐에서 피루빈산이 차츰 많이 만들어지면 NAD^+도 더 많이 사용되어 NADH로 된다. 이 NADH를 NAD로 되돌릴 때 산소를 이용하나, 젖산을 축적하면서 글리코겐으로부터는 피루빈산을 생성하여 ATP를 계속 생산하는 것이다.

Hirovonen은 100 m를 10초대에 달리는 마라토너의 근육으로 공급되는 에너지체계를 분석한 결과, 40 m 주행 시점에서 이미 전체 에너지의 약 45%를 해당과정에 의해 제공받고, 수초동안의 심한 운동에서도 젖산이 생성되었다는 결과로 달리기를 시작하자마자 무산소과정의 해당계에 의해 ATP를 공급받았다는 것을 의미한다. 한편 100 m와 같이 짧은 시간 심한 운동에서도 유산소과정으로 17%의 ATP를 공급받았다는 보고가 있어, 종래의 달리기 초반에 phosphocreatin의 분해로 ATP가 공급받고, 뒤이어 해당계가 동원되고, 수분 이상 지속되는 운동에서는 유산소과정으로 ATP가 공급된다는 주장이 언제나 정설이 아니므로, 짧은 시간 동안의 격심한 운동이나 긴 시간의 지구력 운동 등 모든 운동에는 비타민 B군이 종합적으로 필요한 것으로 본다.

6.2 발한과 비타민

紫田克己의 연구에 의하면 표 6-2와 같이 땀으로 손실되는 비타민량은 하루 섭취량에 대해서 B_1으로 0.05%, B_2로 0.03%, 나이아신으로 0.05%, B_6로 0.02%, 판토텐산으로 0.11%, 엽산으로 0.22%, 비타민 C로는 0.12%이다. 땀은 아무 일을 하지 않는 상태에서 하루에 300~500 mL, 하루 종일 작업을 계속하면 2~3 L 나온다. 따라서 운동으로 하루에 땀을 3 L 흘린다고 해도, 다량의 비타민이 손실되는 것은 아니고, 특히 지용성 비타민인 A, D, E, K는 땀으로 배설되지 않으므로 더욱 문제가 되지 않는 것으로 본다.

표 6-2 땀으로 배설되는 비타민의 양

비타민	함량 [μg/100 mL]	필요량 [μg/day]	필요량에 대한 비율 [%]
B_1	0.6	1100	0.05
B_2	0.5	1500	0.03
Niacin	8.7	18000	0.05
B_6	0.17	1000	0.02
Pantothenic acid	7.7	7000	0.11
엽산	0.88	400	0.22
C	60	50000	0.12

6.3 피로와 비타민

피로의 기전과 물질에 대해서 많이 알려진 이론으로는 뇌의 blood brain barrier 통과할 때 트립토판 수송체와 분지쇄 아미노산과의 경쟁으로 분지쇄 아미노산 농도가 낮으면 트립토판의 흡수가 증가되어 serotonin을 형성하여 피로가 촉진되는 것이 알려져 있다. 즉, 운동으로 근육에서 단백질이 분해되어 아미노산들이 에너지 합성에 쓰였고, 특히 그 중에서 류신, 이소류신, 발린 등의 농도가 낮으면 피로가 오는 것으로 정의하고 있다.

운동으로 아미노산의 분해로 생성되는 암모니아 관련 연구에서 下村吉治는 암모니아 농도는 안정한 상태에서는 혈중의 농도가 30~40 umol/L이나 운동을 지속하면 100 umol/L로 증가한다고 한다. 여기서 생성된 암모니아는 글루타민을 합성하기 위해 글루타민산 농도를 감소시킴으로써 뇌신경 물질인 GABA 합성을 방해하고, phosphofructokinase를 활성화하여 젖산 생성을 촉진하고, 알파케토글루타르산과 결합하여 구연산 회로를 방해하여 피로를 촉진한다고 한다.

혐기성 당대사 산물인 젖산은 산소공급으로 지방이나 당에서 에너지를 받을 수 있을 때는 축적량은 적으나 산소의 공급이 부족할 정도의 강한 운동에서는 무산소적으로 되면서 젖산이 축적되고, 운동을 할 수 없게 된다. 젖산이 0.3% 축적되면 골격근은 수축이 어렵고, 혈중 농도로는 약 20 mM이다.

젖산은 어느 강도 이상부터 축적이 시작되어, 운동강도가 높아지면서 혈액 젖산 농도가 급격히 증가하는 시점을 젖산 역치라 하고 젖산 역치는 골격근의 산화적 대사능력을 나타내는 것이다. 혈중 젖산이 4 mM에 달하는 운동강도를 혈중 젖산 개시(OBLA)라고 부르고, $VO_{2\,max}$는 약 80% 정도에 이른다.

젖산 농도가 높아지면 수소 이온을 방출하여 효소 조절에 이상을 초래하여 골격근 내로 축적이 시작되고 근육 중의 pH가 낮아져서 구토, 이명, 현기증 등의 증상이 나타날 수 있다(그림 6-6).

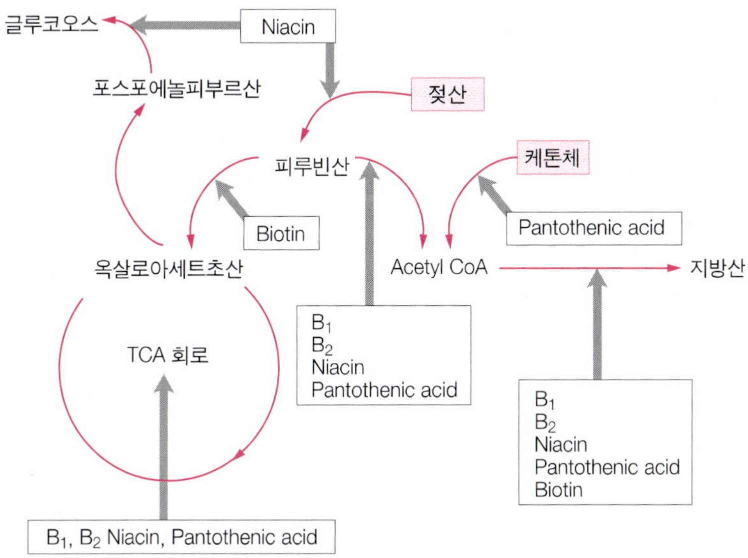

그림 6-6 간장에서의 젖산과 케톤체의 재이용에 필요한 비타민

수소이온을 방출한 젖산은 간에서 포도당 신생합성의 전구체가 되는데, 젖산은 미토콘드리아가 없거나 저농도의 산소를 가지고 있는 적혈구와 다른 세포들에 의해 방출되고, 젖산은 운동 중 골격근에 의해 방출된 후 간으로 운반되어 젖산가수분해효소에 의해 피루브산으로 재전환 된 다음 피루브산 카르복시화 효소의 조효소로 비오틴의 이산화탄소가 옥살로 아세트산을 포스포에놀 피루베이트로 전화시키므로 당의 신생합성을 한다.

6.4 운동과 비타민 필요량

6.4.1 운동과 수용성 비타민

(1) 운동과 비타민 B_1과 B_2

티아민은 공장(jejunum)에서 흡수되고, 낮은 농도에서는 능동적 수송, 높은 농도에서는 수동적 확산으로 흡수된다. 그러나 체내에 저장할 수 있는 티아민은 상대적으로 소량(25～30 mg)이므로 계속 섭취해야 한다.

운동선수와 티아민 필요량과의 연구에서 紫田克己는 B1은 보효소로 특정 receptor와 결합하여 신경세포막에 결합함으로써 흥분하면 B1이 유리되기 때문에 B1의 결핍은 신경전달속도를 느리게 한다. 따라서 스트레스와 같은 긴장상태나 피로와 같이 흥분한 경우, 좀더 많은 비타민 B1이 소비되는 것으로 제시하였고, 심한 운동을 하면, 운동 전보다 혈중의 B1 농도가 감소된다고 한다.

한편, 한국인 영양섭취기준(2010)에서 티아민의 과량 섭취는 유해하지 않고, 상한 섭취량이 설정되지 않았으며, 적혈구의 케톨기 전이효소 활성도와 소변 배설량을 적정 수준으로 유지할 있는 티아민 섭취량을 기준으로 평균필요량을 정하였으나, 과격한 운동을 하는 사람에게는 추가적으로 보충할 필요가 있다고 하였고, 紫田克己는 운동선수에게 하루에 5 mg을 권장하고 있으나, 운동선수의 훈련이나 경기와 비타민 B_1 필요량에 대한 연구가 기대된다.

비타민 B_2도 동계 훈련시에 감소하였고, Belko(1987)들의 적혈구 glutathione reductase 활성계수를 근거로 한 실험에서 운동은 B_2의 요구량을 증가시킨다고 하고, Horwitt는 운동시의 B_2 요구량은 적혈구 glutathione reductase 활성계수로 추정하면 증가하지 않는다고 하고, 또한 Kobayashi들은 합숙훈련하는 대학 조정부 선수를 대상으로 식사 조사, 생활활동 조사, B_1, B_2의 영양상태를 분석한 결과 필요량을 기준으로 평가하면 부족하지 않다고 보고하였다.

紫田克己는 운동으로 에너지대사와 비타민 B_2의 소비량이 비례적으로 증가한다고도 하고, 일부 실험에서는 부족성을 시사하였으나, 운동을 하지 않은 사람이 B_1 또는 B_2를 1년 동안 복용했어도 과잉섭취로 인한 해로움은 없었으므로 운동시에 일반인의 권장량이 1.5 mg이면, 운동선수는 7 mg을 복용하여 결핍을 예방하도록 권장하였다.

한편, 한국인 영양섭취기준(2010)에서도 다량 섭취에도 유해한 영향은 없고, 운동시 소변으로 배설되는 리보플라빈이 감소된다는 연구로 열량소비량이 증가함에 따라 필요량의 10% 내외의 보정이 필요하다고 하였으며, 운동선수들은 에너지대사가 높고, 지방산을 에너지원으로 사용하기 때문에 남자 성인 권장수준인 1.5 mg/일의 1.5배를 권장하고 있어 운동 등으로 에너지대사가 항진됨에 따라 비타민 B_2가 더 요구됨을 인정하였다.

(2) 운동과 나이아신

나이아신 결핍은 설사, 피부염, 식욕부진, 불면증, 우울증, 그리고 운동장애나 지각장애가 유발된다. 혈관 확장제로, 혈압을 낮추어, 말초의 혈액순환을 좋게 하고, 근육에 축적된 젖산이나 케톤체를 간으로 운반할 때 필요한 비타민이다.

쥐의 실험에서 기진할 때까지 수영을 한 쥐는 수영하지 않은 쥐보다 혈액중의 NAD 농도가 감소하였고, 또 수영 시작 4시간 전에 100 mg/kg 정도의 니코틴아미드를 복강 투여한 쥐의 수영시간이 연장되었고, Frankau(2001) 는 사람에서 운동 1.5~3시간 전에 니코틴산 50~200 mg을 섭취시켰더니 운동성적이 향상되었다 하였다. 그러나 Hilsendanger는 운동 2시간 전에 니코틴산 75 mg을 투여하여도 운동 지구력에 영향이 없었다고 한다. 그 외에도 Carlson, Bergstrom, Pernow들은 다량의 니코틴산 투여에 대한 강도 높은 단시간 운동과 장시간 운동에 영향 조사에서 다량의 니코틴산 투여는 유리지방산 동원을 차단하고, 글루코오스 대사를 항진시켰고, 또는 단시간 운동에 대해서는 좋은 영향을 미치지 않았으며, 오히려 니코틴산의 과량 섭취에 의한 부작용으로 신체에 통증과 두통을 보고하였다.

자연식품 중에 함유된 나이아신의 과잉섭취는 유해하지 않으나, 영양강화식품이나 보충제, 또는 고지혈증 치료제로 복용할 때에는 유해작용이 있어, 니코틴산의 과잉섭취는 홍조 현상, 위장관 장해, 구토, 간독성, 당내성 손상을 보고하였다. 한국인 영양섭취기준(2010)에서는 나이아신 평균 필요량은 성인 남자기준 12 mg NE/일이고, 권장섭취량은 16 mg NE/일이고, 최저 독성량을 50 mg NE/일로 정하여서 상한 섭취량을 35 mg NE/일로 정하였다. 니코틴 아미드의 과잉섭취는 영양 강화식품으로 섭취한 경우에 간독성으로 독성종말점을 정해서 1,000 mg NE/일로 정하였다.

紫田克己는 혈액 중의 NAD 포화를 위해서는 하루에 100 mg 정도의 나이아신 당량을 섭취할 필요가 있으며, 니코틴아미드를 1년간 매일 100 mg 복용시킨 실험에서도, 니코틴아미드는 정상적으로 대사되어 과잉의 유해함이 나타나지 않아서 심한 운동을 할 때 니코틴아미드는 일일 섭취권장량이 일반사람의 18 mg에 비해 100 mg 정도 섭취를 권장하고 있으나, 과잉섭취에 의한 운동선수에게 미치는 유해성도 있어 구체적인 관련 연구가 필요하다고 생각된다.

(3) 운동과 판토텐산

판토텐산은 소장에서 흡수된 후 인산화반응으로 CoA를 형성하고, 아실기 운반단백질(acyl carrier protein, ACP)로 지방산합성효소의 구성성분이고, 지방산과 탄수화물 대사에서 아실기를 활성화하는 운반체로 지방산 합성, 콜레스테롤과 스테로이드 합성 등에 관여하고, 에너지 합성에 중요한 역할을 한다. 판토텐산의 과잉섭취로 인한 유해작용 등이 보고되지 않아 한국인 영양섭취기준(2010)에서도 상한 섭취량을 정하지 않았으며, 남자와 여자 모두 5 mg/일로 충분 섭취량으로 정하고 있다

(4) 운동과 비오틴

비오틴(biotin)은 리신 잔기에 결합되어 비오시틴으로 조효소 역할을 하며, 비오틴 분해효소에 의해 리신과 비오틴으로 가수분해되어야 흡수 가능하다. 체내에서는 카르복시화 효소와 같은 효소의 리신 잔기에 부착된 상태로 카르복실기를 고정하는 역할을 한다. 비오틴은 장내 세균에 의해 합성되며, 한국인 영양섭취기준(2010)에서는 인체가 비오틴을 경구로 섭취할 때 독성이나 유해성에 대한 보고가 거의 없어 충분 섭취량으로 남녀 같이 30 ug/일로 정하였으며, 특히 선수는 운동 후에도 비오틴의 농도가 변하지 않았으므로 특별히 추가적으로 보충이 필요하지 않으나 결핍시에는 피부에 건조성 비늘 같은 것이 돋는 피부염(피부표면에 각질 세포가 가늘게 비듬과 같이 떨어지는)이 현상이 나타나므로 소의 간을 조리하여 섭취하는 것이 좋다고 紫田克己는 추천하였다.

(5) 운동과 비타민 B_6

체내에서 비타민 B_6는 피리독살인산의 조효소로, 아미노산과 단백질 대사에 관여한다. 비타민 B_6는 식품에 함유된 형태에 따라 생체 이용률이 달라 혈장 피리독살인산 수준을 30 nmol/L로 유지하기 위한 섭취량과, 체내 이용률을 60~70%로 낮은 점을 고려하여 권장섭취량을 남자 1.5 mg/일, 여자 1.4 mg/일로 정했다고 한다.

Lawrence들은 운동시 지구력이 B_6의 보충효과가 없었다고 하였다.

비타민 B_6의 결핍증은 리보플라빈 결핍으로 악화되며, 증상은 간질성 혼수, 피부염, 우울증이 나타나며, 동물에서는 빈혈을 紫田克己는 보고하였으며, 과잉섭취는 신경독성이나 광과민성을 보여, 상한 섭취량을 남녀 모두 100 mg/일로 한국인 영양섭취기준(2010)에서 정하였다.

(6) 운동과 비타민 B_{12}

동물성 식품에만 존재하는 비타민 B_{12}는 채식주의자들은 신경써야 하나, 체내 저장성이 좋은 수용성 비타민으로 장간순환하여 재흡수되지 않는 소량의 비타민 B_{12}만 손실되므로, 비타민 B_{12}를 정상적으로 흡수하지 못하는 사람에게 주의가 필요하며, 운동선수에게도 비타민 B_{12}의 보충은 운동 능력에 특별한 영향을 나타내지 않았다고 한다.

(7) 운동과 엽산

엽산은 DNA 합성과 세포분열에, B_{12} 작용에도 필요한 영양소로 결핍증으로는 거대적아구성 빈혈증과 이분 척추의 신경관 손상이 있다. 운동과의 관련성에서 마라톤 선수에게 5 mg/day의 엽산을 11주간 투여한 결과, $VO_{2\,max}$, tread mill 운동 능력, 호흡수 등이 placebo군과 차이가 없었다고 하여, 운동과는 관계가 없는 것으로 생각된다.

(8) 운동과 비타민 C

비타민 C는 콜라겐의 합성과 스트레스에 대한 내성 또는 항산화성, 철분의 흡수 촉진 등으로 운동과의 관계에서 주목받고 있다.

Boddy들은 축구선수에게 훈련 전후로 백혈구의 비타민 C 함량을 분석한 결과 2시간 동안 심한 훈련으로 감소되었고, Hoogerwerf들은 비타민 C를 1 g/day 5일간의 보충한 결과 운동효율이 향상되었고, Spioch들은 운동 30분 전에 비타민 C 500 mg을 주사한 결과, 유의적으로 운동효율이 높았고, 회복시에는 유의적으로 심박수가 감소하였다.

그러나 상반된 결과로 Henschel들은 비타민 C를 20~40 mg/day 주고, 더운 환경에서 운동을 시키고, 심박수, 직장온도를 측정한 결과 변화가 없었고, Bailey 등은 비타민 C 12 g을 5일간 투여했으나, 운동시의 산소섭취량, 환기량이 증가하지 않았다는것, Keren들은 1 g/day의 C를 21일간 훈련시에 보충하였으나 유산소성, 무산소성의 운동 능력에서 placebo군과 차가 없었다고 하였다.

이상과 같이 비타민 C가 운동 능력에 복용효과를 인정하는 보고와 상반된 보고가 있었으나, 사람은 글로노락톤 산화효소의 부재로 비타민 C를 섭취해야 하고, 식품으로 섭취량 수준에서는 유해 영향이 나타나지 않지만 한국인 영양섭취기준(2010)에서는 상한 섭취량인 2,000 mg/일은 수산 배설 및 신결석 등의 유해작용을 있다고 하고, 평균 필요량은 75 mg/일, 권장섭취량은 100 mg/일로 정하고 있다. 그러나 紫田克己는 운동선수에게는 보통 사람의 50 mg/일의 6배인 300 mg/일의 비타민 C를 섭취하는 것을 권장하고 있다.

6.4.2. 운동과 지용성 비타민

지용성 비타민에는 A, D, E, K 중 비타민 E는 스트레스, 과격한 운동과 유산소 운동으로 생기는 과산화물질의 생성을 억제하는 항산화작용, 수초 형성으로 신경전달에 관여하는 작용으로 운동과의 관련성에 관심을 받고 있다.

(1) 비타민 E

비타민 E는 산화·환원제로서, 자신이 산화되면서 다른 물질의 산화를 방지하여, 생체내에 존재하는 항산화제인 비타민 C, 요산, 글루타티온 등과 함께 산화반응을 억제하는 성분이다.

운동선수에게 비타민 E 복용효과를 지지하는 연구로는 Sakaeva 등은 심한 훈련은 혈중 또는 요중에 α-tochopherol을 저하시켰고, 그 저하를 막기 위해서는 100~150 mg/day의 섭취가 필요하다고 했고, Dillard들은 운동을 한 사람들의 호기 중의 펜텐(penten)량이 증가하였고(펜텐은 불포화지방산의 과산화에 의해 유리된 것이므로 운동에 의해 지질 과산화가 촉진된 것으로 추정), 그후 비타민 E 900 mg/day를 2주간 보충한 결과 호기 중 펜텐량이 유의적으로 감소하였다고 한다. 또한 Fukuba들은 대학 보트선수에게 피곤할 때 까지 운동을 시킨 후 펜텐량과 혈장 중 α-tochopherol 농도를 측정한 결과 두 요소간에 유의적인 부의 상관관계였기 때문에 운동 중 호기중 펜텐량 측정은 생체내의 과산화지질의 지표가 될 수 있다고 紫田克己는 설명하였다.

한편, 비타민 E 효과를 부정하는 연구결과들로는, Shephard들은 수영선수에게 비타민 E 900 mg/day를 78~92시간의 투여한 결과 최대 산소섭취량, 산소 부채량, 근력에 영향을 미치지 않았고, Watt들은 하키선수들에게 비타민 E 900 mg/day를 50일간 투여한 결과 최대 산소섭취량에 영향을 주지 않았고, Sharman들은 수영선수에게 비타민 E 400 mg을 투여했으나, 운동성적, 호흡순환 기능에 미치는 영향을 관찰할 수 없었다고 하였다.

결론적으로 비타민 E는 산화와 환원이 계속 되기 때문에 성인에서 결핍증은 별로 없고, 매우 안전한 물질로 과잉섭취에 대해서도 독성이 알려져 있지 않으며 일일 권장량의 50배 이상 섭취도 안전하다고 하나 한국인 영양섭취기준(2010)에서는 상한 섭취량을 540 mg d-α-tocopherol로 정했으며, 미국은 1,000 mg/일, 일본은 800 mg/일로 정하고 있다고 한다. 충분 섭취량은 성인 남자가 12 mg α-TE/일, 여자는 10 mg α-TE/일로 정했으나, 운동을 하면 비타민 E 농도가 낮아지고, 또한 높은 온도 등의 특수한 환경에서 운동은 비타민 E의 다량 섭취가 유의적인 작용을 할 가능성이 있어 보통 사람은 8 mg/day에서 운동선수는 50 mg/day 정도의 비타민 E를 섭취하는 것을 紫田克己는 추천하고 있으나, 상한섭취량 이내에서 권장량보다는 많은 양의 공급은 검토가 필요하다.

(2) 비타민 A

비타민 A는 간상세포의 옵신과 레티날이 결합하여 로돕신을 합성하여, 암소 적응, 점액분비세포의 점액성 다당류 합성, 시각 기능의 유지와 증진작용과, 비타민 A의 전구체인 카로티노이드는 항산화작용이 있다고 한다. 운동과 섭취 관련성은 심한 훈련을 할 때 많이 섭취하는 것이 효과적이라는 견해와 상반된 보고도 많다. 그러나 비타민 A 25,000 IU/day를 과잉섭취한 유해현상으로 급성 과잉은 오심, 두통, 현기증, 무력감, 가려움증이 있고, 만성 과잉으로는 두통, 탈모증, 피부건조 및 가려움증, 골관절 통증, 미열, 수족통증, 체중저하, 피부의 색소 침착, 갑상선 기능 저하, 정신성 식욕 부진, 당뇨병 등 각종 증상을 나타냈다고 한다. 한국인 영양섭취기준(2010)에서는 성인기준 평균 필요량은 400 ug RE/일로, 상한 섭취량은 3,000 ug RE/일로 정하고 있다.

(3) 비타민 D

비타민 D는 스테로이드 호르몬과 같은 대사과정 및 세포 내 작용을 하는 프로 호르몬으로, 290~315 nm 파장의 자외선에 의해 피부의 7-탈수소콜레스테롤(7-dehydrocholestrol)이 비타민 D_3로 전환된다. 비타민 D_3는 D_4로 전환되어 칼슘의 항상성을 조절하며, 칼슘은 뼈의 성장에 필요하므로, 운동과 관계가 깊은 비타민으로 보고 있다. 그러나 운동과 비타민 D 투여와의 효과에 대해서 cycle ergometer에서 비타민 D 투여는 경기 수행력에 좋은 영향을 주지 않았고, 10~11세의 어린이에게 40 ug/일로 장기 투여하였고, 또 다른 경우로는 1회에 100 ug/일로 투여했으나, 운동능력에 영향을 미치지 않았다고 한다. 따라서 비타민 D 보충은 운동능력에 영향을 주기 보다는 과잉섭취의 유해문제가 강조되고 있다. 즉, 과잉섭취는 장관에서 칼슘 흡수가 항진되어 고칼슘혈증으로 신장, 심근, 동맥, 부갑상선, 폐 등에 다량의 칼슘이 침착되어 각 장기의 작용을 하지 못하는 현상이 생기게 된다. 밖에서 운동을 하는 대부분의 선수들에게는 별도의 보충이 필요하지 않다.

(4) 비타민 K

비타민 K는 혈액 응고와 뼈의 오스테오칼신(osteocalcin)과 같은 비타민 K 의존성 단백질의 글루탐산 잔기를 카르복실화를 통해 γ-카르복시 글루탐산(γ-carboxyglutamic acid, Gla)형성에 필수적인 비타민으로 장내 박테리아에 의해 합성된다. 지방 흡수 불량증, 간질환, 비타민 K 대사를 방해하는 와파린, 그리고 항생제를 복용할 때 비타민 K는 결핍될 수 있으나, 운동과 관련된 연구는 거의 찾을 수 없다. 한국인 영양섭취기준(2010)에서는 충분 섭취량으로 남자 성인은 75 μg/일, 여자는 65 μg/일로 정하고 있다.

제 7 장 운동과 무기질

7.1 개 요

인체의 96%는 산소, 탄소, 수소, 질소의 4원소로 구성되어 있고, 나머지의 4%의 원소를 무기질이라 한다. 무기질의 99% 이상은 칼슘, 인, 칼륨, 황, 염소, 나트륨, 마그네슘의 7원소로 다량 무기질이라 하고, 철, 구리, 아연, 요소, 셀레늄, 크롬, 코발트 등은 미량 무기질로, 미량 무기질은 생리적 역할과 결핍증이 있고, 미량 원소를 함유한 생체내 물질이 확인된 것을 필수 미량원소라 한다.

칼슘과 인, 또는 마그네슘 등은 골격이나 치아의 경조직을 구성하고, 철분은 헤모글로빈, 요오드는 갑상선호르몬의 티록신의 구성성분이다. 나트륨과 칼륨 등은 세포 내액과 외액에서의 농도차에 의해 신경전달을 조절하며, 삼투압의 조절, 산염기 평형, 신경과 근육의 기능 유지 기능을 한다. 한편 인, 염소, 나트륨 등은 이온으로 존재하면서 세포 내외에서 인산염, 중탄산염이온으로 혈액의 산염기 평형에서 완충작용을 한다. 무기질은 효소반응 활성화 역할과 단백질, 핵산, 비타민 등의 구성성분으로서, 유전, 에너지의 대사, 효소반응, 호르몬에 관련된 기능을 한다.

각 무기질 사이에는 상호 작용이 있어, 마그네슘, 칼슘, 철분은 흡수할 때 경쟁하여 생체 이용률이나 흡수와 대사에 영향을 주고, 카드뮴, 망간 등 미량 무기질은 허용량 이상의 복용은 독성을 나타낼 수 있다.

뼈에는 칼슘, 인, 마그네슘, 나트륨들의 이온이 저장되어 있으며, 칼슘은 근육수축, 신경세포의 흥분, 혈액 응고 정자운동 등 많은 생리반응에 중요한 역할을 하는 반면, 마그네슘은 아세틸콜린 분비를 감소시켜 근육을 이완시키는 작용을 한다. 한편 포타슘은 세포 내로 유입되고, 나트륨은 배출시켜 전위차에 의해 신경전달과 근육수축작용을 하며, 신장에서는 알도스테론에 의해 포타슘 배설은 촉진하고, 칼륨 나트륨 재흡수는 억제하여 포타슘의 균형을 유지시킨다.

운동과의 무기질에서 중요한 것은 에너지대사와 무기질로 에너지대사에 필요한 산소의 운반 단백질과의 무기질, 체조직인 뼈 발달과 칼슘, 마그네슘, 인 등의 무기질, 운동으로 인한 발한과 수분과 무기질, 운동으로 늘어나는 산화 스트레스에 대한 항산화와 구리, 셀레늄 등의 미량 원소들의 관계를 소개하겠다.

7.2 에너지대사와 무기질

7.2.1 글리코겐의 분해

근육 활동에 필요한 ATP는 근육에 저장된 글리코겐을 분해하여 얻고, 글리코겐 분해는 에피네프린, 노르에피네프린, 글루카곤이 분비되어 세포막의 cAMP를 자극하여 글리코겐 인산분해효소(glycogen phosphorylase)의 인산화로 활성화되나, 인산화를 할 glycogen phosphorylase kinase는 칼슘 이온에 의해 활성화된다.

glycogen phosphorylase kinase는 α, β, γ, δ의 네 종류의 서브유닛으로 구성되고, 그 중에서 α-subunit가 칼슘 이온 결합부위를 가지고 있으며, calmodulin이라고 한다.

근육수축은 근세포 내의 칼슘 이온 농도가 높아지면서 시작되고, 따라서 칼슘 이온은 글리코겐 분해의 활성화로 ATP를 생성할 수 있다.

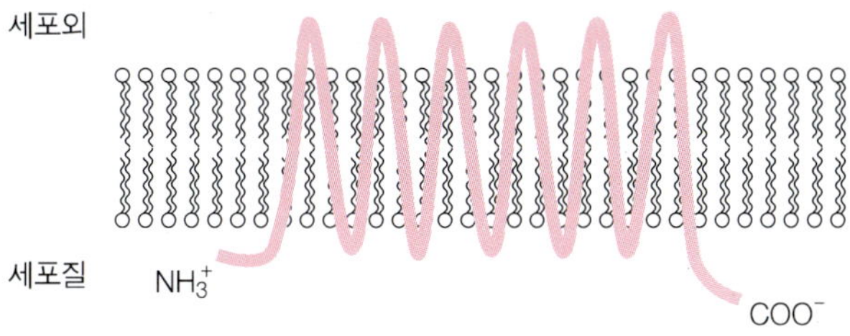

그림 7-1 세포막의 GLUT

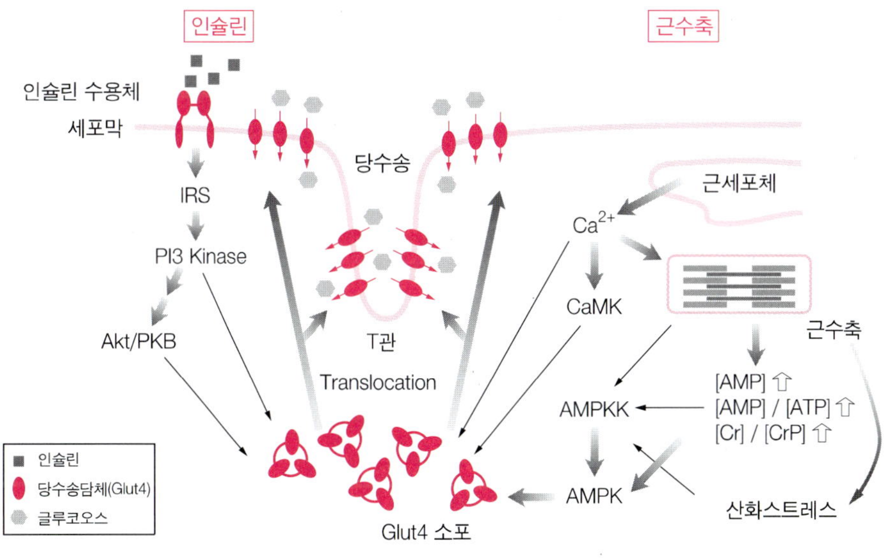

그림 7-2 골격근에서의 Glut4의 Translocation 기전

IRS : 인슐린 수용체(Insulin receptor substrate), CaMK : Ca^{2+}/Calmodulin-dependent protein kinase, Cr : 크레아틴, CrP : 크레아틴인산, AMPK : 5'-AMP-activated protein kinase, AMPKK : AMPK kenase

근육수축은 칼슘 이온과 ATP가 존재하는 한 지속되는 것으로 ATP가 없으면 엑틴과 미오신의 교차다리(cross bridge)가 해리되지 않아 경직된 상태이고, 칼슘 이온이 없으면, 교차다리가 형성되지 않아 이완된 상태이다.

또한 글리코겐 분해로 생성된 포도당이 호기적, 혐기적 분해로 ATP를 공급하나, 한편 포도당 이동에 관한 설로서 林達也는 포도당은 친수성이므로 당수송담체(glucose transporter)를 통해 세포막을 통과하는데, 이런 담체 중에 GLUT4는 운동에 의해 골격근의 당수송이 증가하는 조직에서 관여하는 것으로, GLUT4는 근육의 수축이나 인슐린의 자극을 받으면 근육세포의 횡행소관으로 이동하여(translocation) GLUT4가 분자수와 최대수송속도를 증가시키므로 보다 많은 포도당이 세포막으로 유입된다고 설명하였다(그림 7-1, 7-2).

7.2.2 구연산 회로(TCA 회로)

피루빈산 dehydrogenase는 피루빈산은 아세틸-CoA로 전환되고, 구연산회로에 진입한다. 이 효소복합체는 결합하고 있는 인산기가 가수분해되어 활성화되는데, 이때 반응을 촉매하는 것은 피루빈산 dehydrogenase phosphate phosphatase로, 칼슘 이온에 의해 활성화되는 것이다(그림 7-3).

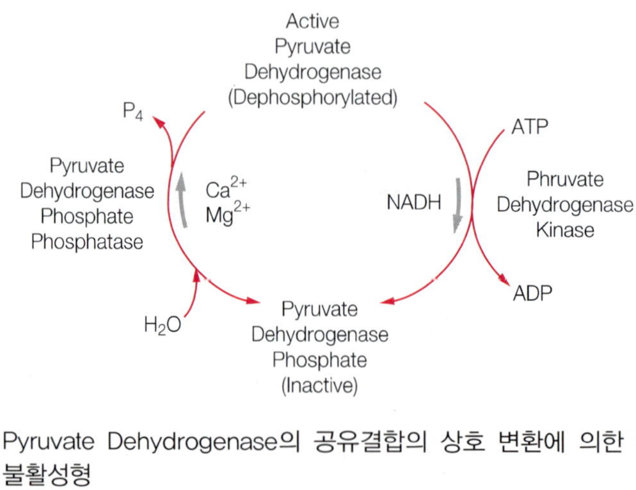

그림 7-3 Pyruvate Dehydrogenase의 공유결합의 상호 변환에 의한 활성형과 불활성형

구연산 회로 중에서 이소구연산 탈수소효소(isocrite dehydrogenase)와 2-oxoglutarate dehydrogenase도 칼슘 이온에 의해 활성화된다. 이와 같이 근육수축을 위해 근세포 내로 유입된 칼슘 이온은 mitochondria의 matrix에 유입되어 ATP 생산을 촉진하는 것이다.

7.2.3 전자전달계

구연산 회로에서 생성된 전자는 NADH로 전지전달계에서 받이 ATP를 생산하는 과정으로 복합체 I(NADH-coenzyme Q reductase complex)은 7개의 철-유황 중심(iron-sulfur center)를 갖고 있는 비헴철 단백질로 25종류의 단백질로 미토콘드리아 내막에서 가장 큰 단백질이다. 복합체 II의 숙신산 탈수소효소복합체(succinate-coenzyme Q reductase complex)도 철-황 단백질로 되어 있다. 복합체 III(coenzyme Q-cytochrome c reductase complex)는 헴 단백질로, 환원된 조효소 Q(UQH_2)에서 시토크롬 c로 전자를 전이하며 이 복합체도 2개의 b-타입 시토크롬과 1개의 시토크롬 c_1(cyt c_1)과 철-황 중심을 갖고 있다. 복합체 IV(cytochrome c oxidase complex)는 물분자 형성을 위해 산소의 4개의 전자를 환원시키는 복합단백질로 시토크롬 a와 a3의 헴철 원자와 2개의 구리 원자를 갖고 있다.

7.2.4 에너지대사와 마그네슘

ATP는 ATPase에 의해 ADP로 분해되어 에너지를 내는 것으로, ATP가 ATPase에 의해 분해될 때, ATP는 마그네슘 이온과 chelate를 이루고 있고, ATPase의 기질은 마그네슘-ATP 복합체로, 마그네슘 이온이 없으면, ATP의 에너지는 이용할 수 없게 된다.

따라서 근육의 마그네슘 이온 농도가 저하되면, ATP 분해에 의한 에너지를 이용할 수 없어 운동능력도 저조하게 될 것이다. 그러나 마그네슘은 ATP보다도 높은 농도(약 10 mM)로 모든 조직에 함유되어 있어 마그네슘 이온 농도가 낮아져 에너지 생산이 저하되는 일은 없을 것이다.

그러나 땀으로 마그네슘이 상실되면 혈장 농도를 유지하기 위해 뼈나 근육 등에서 마그네슘이 보충되므로 땀으로 손실된 마그네슘을 보충하지 않고 장기간 부의 마그네슘 균형을 지속한다면 뼈나 근육의 마그네슘 농도도 저하될 가능성이 있다.

7.3 산소운반과 무기질

운동에서 에너지 공급은 무산소 대사와 유산소 대사에 의해 이루어진다. 이중 유산소 대사에서는 에너지 생산이 무산소 대사와 같이 신속하지는 않지만, 포도당, 지방 등을 에너지원으로 쓰기 때문에 생성량이 많아 운동의 지속에 중요한 인자이다. 이 유산소 대사에서의 산소는 구연산 회로, 전자전달계를 거치면서 에너지를 생성하기 때문에 산소 운반에 관여하는 철분 결핍은 운동능력 부족이나 신체발달에 지장을 초래하므로 헤모글로빈, 미오글로빈, 빈혈들과 무기질 대사에 대해 알아보고자 한다.

7.3.1 헤모글로빈과 미오글로빈

체내에는 철분이 3~5 g 정도 있고, 70~80%는 활성형 철과 20~30%는 저장형 철로, 활성형 철의 85%는 헤모글로빈에 5%는 미오글로빈에, 나머지 10%는 시토크롬 등에 있으며, 저장형 철은 페리틴이나 헤모시데린으로 간과 골수 등에 있다. 철분이 각 조직으로 운반될 때 혈청 중의 트랜스페린과 결합하여 운반되고 정상상태에서 트랜스페린의 30~40%가 철분과 결합하여 존재한다. 체내 철분의 양은 활성형철과 저장형 사이에서 흡수되는 철분에 의해 조절되고 있다.

체내에 산소분압이 저하되면 폐를 자극하여 호흡을 촉진하고, 그 후 적혈구의 산소운반능력이 감소되면 신장에서 에리스로포이에틴 호르몬에 의해 적혈구를 합성한다. 적혈구는 적아구에서 성숙함에 따라 헤모글로빈의 함량이 증가되며, 성숙된 적혈구가 되어 혈류로 이송되면 산소를 세포에 운반하고 탄산가스를 방출하는 기능을 한다.

미오글로빈은 헤모글로빈에서 산소를 받아 근육에 저장하였다가 근육의 수축, 단백질, 지질, 당질 및 기타 물질의 합성에 에너지가 필요할 때 쓰인다.

7.3.2 운동과 빈혈

빈혈이 운동에서 산소운반능력을 감소시키는 것으로 형태별로는 세포의 모양이 크지만 헤모글로빈 농도가 낮은 세포, 세포의 크기가 작고 저색소성인 것, 성숙된 적혈구나 정상적인 erythroblast가 파괴되거나 상실된 것으로 운동선수에게 많은 빈혈은 급성과 만성의 출혈로 적혈구 생성속도를 자극하여 체내 철분이 고갈되는 posthermorrhagic anemia와, 어떤 상태로 적혈구가 계속적으로 약해지거나 분해되는 용혈성 빈혈(hemolytic anemia)이 있다.

(1) 빈혈의 판정

빈혈의 판정에는 철분 저장량인 페리틴의 농도를 보거나 트랜스페린의 농도를 보아 판정하는 것이 헤모글로빈의 농도를 보고 판정하는 것보다 치료에 효율적이라 한다. 즉, 트랜스페린 포화도가 15% 이하이거나 헤모글로빈의 농도가 남자는 14~18g/이, 여자는 12~16g/이하이면 빈혈로 판정한다.

(2) 운동성 빈혈

운동성 빈혈(sports anemia)은 스포츠 활동이 원인이 되는 빈혈로, 땀으로 철분의 손실 가능성과, 운동과 관련된 승패나 기록 등의 정신적 스트레스로 소화·흡수율의 저하, 또는 소화관 점막의 미세출혈 등을 원인으로 제시하였고, 그 외에도 운동 자체의 물리적 충격에 의한 출혈로, 장거리 marathoner들의 발바닥 마찰에 의한 출혈을 예시하였다.

(3) 빈혈과 철분 이외의 영양소

빈혈의 원인이 철 이외의 아연 결핍, 구리의 결핍으로 생길 수 있다. 즉 아연은 단백질 합성, 구리는 헴을 합성하는 것으로 헤모글로빈 합성을 저해하므로 영양소들의 섭취상태를 검토할 필요가 있다.

(4) 용혈성 빈혈

혈장 합토글로빈(haptoglobin) 농도로 측정하며, 원인은 땀을 많이 분비하여 철분의 혈장 전해질 농도가 변하여 삼투압이 변하고, 기계적 충격에 의한 내출혈이나 용혈로 적혈구가 파괴되었거나 운동으로 인해 산화 스트레스가 적혈구막의 인지질에 손상을 주어서 적혈구막을 약화시켜, 용혈을 일으켰을 가능성이 높다고 한다.

예방으로는 수분과 나트륨의 보충으로 스포츠 드링크와 산화스트레스에 대한 항산화 영양소인 비타민 C, 비타민 E 또는 셀레늄의 결핍이 없도록 하는 것이 유효할 것이다. 한편 국민건강영양조사(2005)에서 철분은 15~19세 청소년들에게는 부족한 상태이고 그 중에서도 청소년 여성 집단이 가장 취약한 것으로 보고하였고, 상한 섭취량은 45 mg/일, 구리의 섭취는 양호하고, 셀레늄에 관해서는 결핍상태라는 연구와 그렇지 않다는 보고가 혼재하고 있는 실정으로 상한 섭취량 400 ug/일 이하의 보충제를 섭취하는 것을 권장하고, 특히 칼슘 보충제를 복용할 때 철분과 아연, 구리의 흡수를 저해하므로 섭취에 주의할 필요가 있겠다.

7.4 뼈와 무기질

7.4.1 뼈의 구조

뼈는 그림 7-4, 7-5와 같이 골간과 골단으로 골간에는 치밀골에 의해 싸인 골수강이 있고, 골수강은 골내막이라는 얇은 조직층으로 싸여 있다. 골단은 뼈의 끝부분으로 해면골 또는 망상골이 있으며, 골막은 건과 인대가 뼈에 부착할 수 있는 장소를 제공해 주고, 골막의 외층은 신경이 풍부한 부분이다. 치밀골은 조밀하고 단단하고, 해면골은 스폰지와 같이 틈새가 많으며 골소강 속에 골세포가 들어 있고, 골아세포(osteoblasts), 골세포(osteocytes), 파골세포(osteoclasts)의 3종류의 세포를 가지고 있고, 골아세포는 뼈를 형성하는 세포로 새로운 뼈에 자리잡고 있고, 골세포는 뼈기질에 있고, 파골세포는 늙은 뼈를 흡수한다. 뼈에서는 새로운 세포는 형성되고, 오래된 세포는 파괴한다.

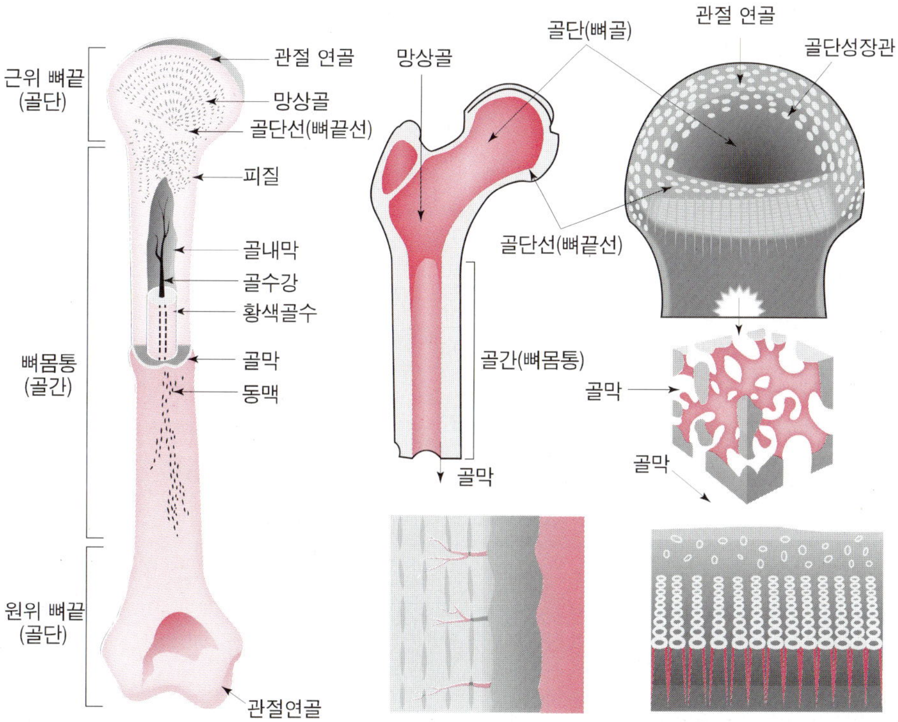

그림 7-4 장골의 구조

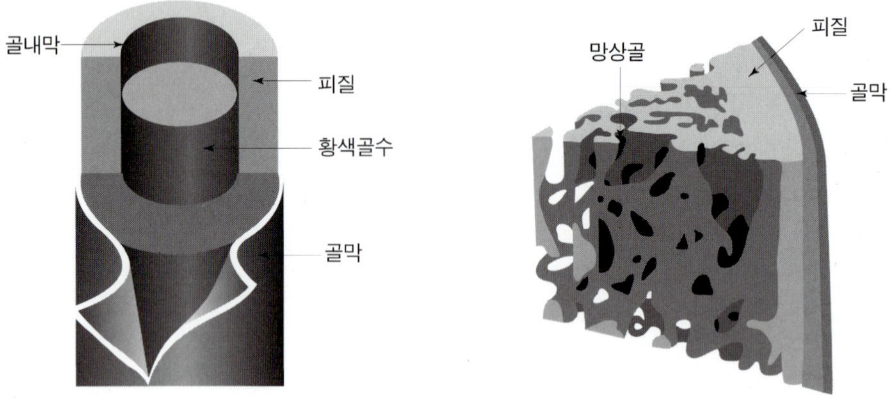

그림 7-5 치밀 뼈 조직의 단면과 골막

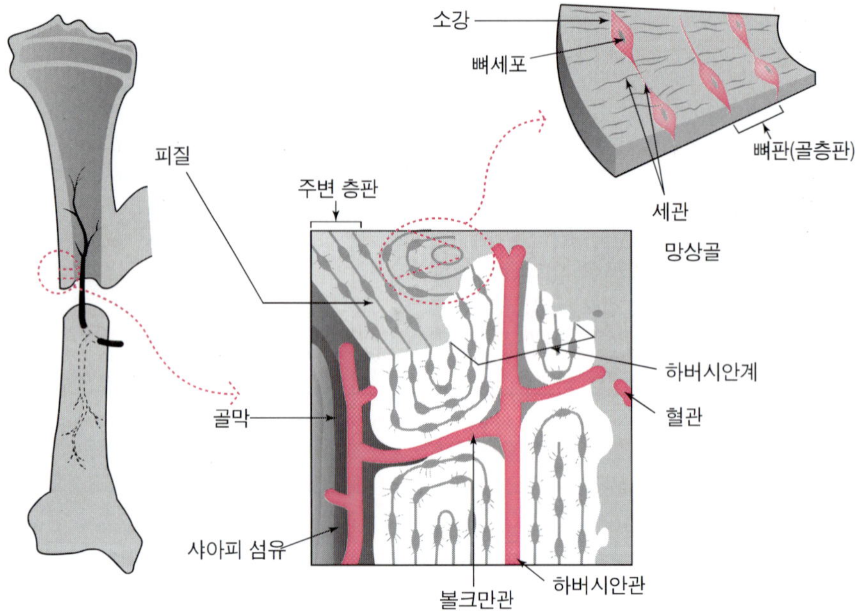

그림 7-6 뼈세포

7.4.2 골격대사와 골질량의 유지

뼈는 파골세포에 의해 뼈를 분해하고, 골아세포에 의해 새롭게 석회화하여 골격대사와 골질량을 유지하면서 새롭게 생성하는 구조이다.

혈액의 칼슘 농도는 7~11 mg/일로, 부갑상선호르몬과 갑상선호르몬에 의해 조절된다. 즉, 혈액의 칼슘 농도가 저하되면 부갑성선호르몬은 파골세포를 활성화하여 활성형 비타민 D 합성을 자극하여 무기질과 기질을 분해하고, 반대의 경우에는 갑상선호르몬인 칼시토닌은 콜라겐을 주성분으로 하는 유기성 기질(뼈기질)과 인산칼슘 복염인 히록시아파타이트를 합성하여 침착시킨다. 히록시아파타이트는 무기염(골염)으로 인산 칼슘, 물 또는 소량의 마그네슘등으로 조성은 $[Ca_9^{2+}(H_2O^+)_2(PO_4^{3-})(OH^-)_2]$ $[Ca^{2+}$ $Mg_{0.3}^{2-}$ + CO_3^{2-} $Citrate_{0.3}^{2-}]$과 같다.

즉, parathormone 호르몬은 파골세포의 생산과 활성화를 촉진하여 뼈를 파괴하면 흡수하고, 흡수가 시작되면 그 자극으로 골아세포가 활성화되어 뼈를 만드는 것이다.

반대로 부갑상선호르몬은 파골세포를 생성함과 동시에 골아세포의 활성을 억제하고, 칼시토닌은 골아세포를 활성화시켜 뼈 생성을 촉진하므로, 비타민 D는 뼈의 흡수와 뼈 생성을 촉진시켜 뼈 대사 전체를 활성화하고, 에스트로겐에는 뼈 흡수 억제작용이 있다(그림 7-7).

7.4.3 뼈 대사와 무기질

뼈 대사에서 중요한 칼슘 섭취는 뼈의 생성과 직접적인 영향을 주므로 섭취량이 증가하면 뼈기질과 골염도 증가한다. 우리나라의 국민영양조사(2005)에 의하면 모든 연령층에서 칼슘 섭취가 부족하여 섭취를 권장한다고 한다.

뼈 대사에는 인, 마그네슘, 비타민 D 등의 영양소가 필요한데 그 중에서 인은 과잉섭취로 혈장 인 농도가 상승되면 부갑상선호르몬 분비로 뼈 파괴가 촉진되고, 칼슘의 장내 흡수는 억제되어 결과적으로 뼈 생성을 억제하게 된다.

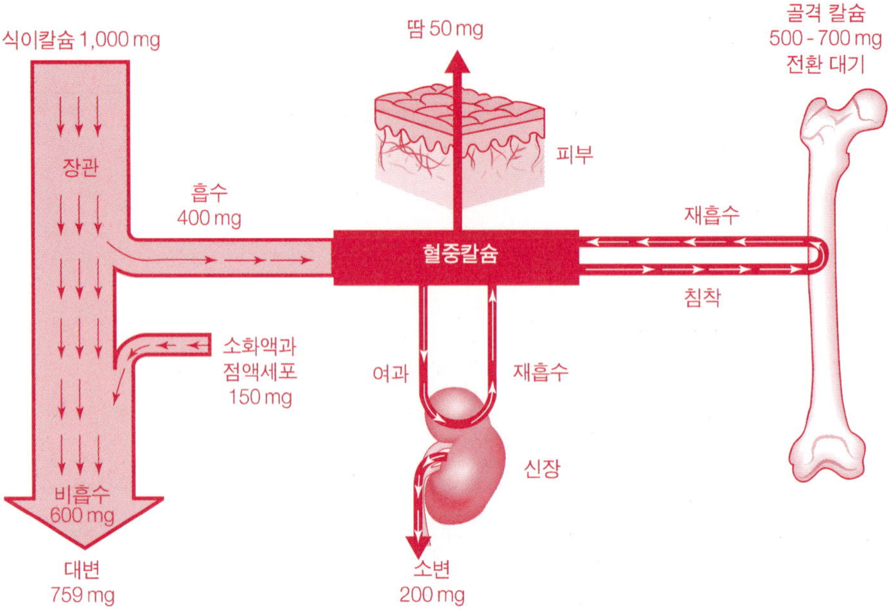

그림 7-7 하루 800 mg을 필요로 하는 성인의 칼륨 균형

800 mg의 섭취량 중에서 단 300 mg만이 체내에 흡수되며 나머지 500 mg은 대변으로 배출된다. 칼슘 균형을 유지하는 데 있어 300 mg이 배출되며, 이는 대변으로 150 mg, 신장을 통해 소변으로 130 mg 그리고 20 mg의 땀이 배출되는 것을 포함한다.

한편, 비타민 D는 소장에서 칼슘 흡수, 신장에서의 칼슘 재흡수와 뼈의 분해를 유도하여 골질량에 영향을 준다. 또한 칼슘에 대해 동물성 단백질 섭취가 많거나 혈중 포도당이나 아미노산의 양이 많으면 소변으로 칼슘 배설량이 증가하기 때문에 뼈 생성이 저하될 수 있다. 따라서 단백질 섭취량이 많으면, 골질량 유지를 위해 칼슘 섭취도 증가시켜야 한다.

7.4.4 골질량과 운동

병으로 누워 2주간 이상 지내면 골질량 감소가 일어나고, 반대로 어떤 운동이라고 일정 기간 이상 지속하면 골질량과 골밀도가 증가한다.

吉田宗弘은 골질량을 증가시키는 운동은 순발력운동으로 뼈에 강한 자극을 주는 운동으로 장거리 달리기보다는 단거리 달리기가 유효하고, 운동에 의한 물리적 자극이 뼈에 가해져 골아세포가 활성화되므로 골질량이 증가되는 것으로 물리적 자극은 직접운동을 하는 것과, 운동을 하여 근육을 증가시켜 중력부하를 증대시키는 간접적인 방법도 소개하고 있다.

7.4.5 골밀도와 무기질

운동으로 골질량을 증가시키기 위해서는 충분한 칼슘 섭취가 필요하다. 즉 운동으로 땀을 많이 흘리면 뼈의 칼슘과 마그네슘이 혈장으로 방출되어 이런 상태가 지속되면 골밀도가 저하되게 된다.

한편, 여자 운동선수들 중에는 정신적인 스트레스를 비롯한 여러 가지 요인으로 에스트로겐 분비가 저하되어 생리가 정지되는 경우도 있다. 에스트로겐은 골흡수를 억제하므로 골밀도가 저하된다.

이런 상태에서 뼈에 물리적 자극을 오랜 기간 주어 부하가 과잉이 되면, 선수 본인도 모르는 사이에 가벼운 운동으로 골절이 일어나기도 하는데 이와 같은 골절을 피로골절이라도 한다.

7.5 땀과 무기질

7.5.1 땀

인체가 체온의 항상성을 유지하지 못하면 신체의 단백질 구조의 변화와 함께 효소들에 의한 생화학적 반응을 조절할 수 없어 대사활동이 억제되어 호흡 및 심장 기능 등이 저하된다.

운동은 에너지를 공급받기 위해 영양소가 분해되고 이때 발생하는 에너지에 의해 체온이 높아지므로, 땀의 증발로 체온을 내리게 하고, 발한은 수분 상실과 더불어 수분에 함유된 전해질의 상실로 세포활동에 지대한 영향을 주게 되는 것이다. 즉, 수분의 농도와 혈장 무기질 농도의 항상성은 생명 유지에 매우 중요한 것으로, 수분이 체중의 1%만 부족하여도 갈증중추를 자극하여 수분을 섭취하게 하고, 3~4% 감소하면 피로감, 무기력감, 구토 등이 생기므로 운동시의 적절한 수분 섭취는 매우 중요한 것이다.

발한이나 탈수는 체온을 높이고, 이에 따른 수분과 전해질의 보급이 없으면 혈압이 강하하거나, 근육 경련 등 운동능력이 떨어지게 된다. 특히 대기의 습도와 온도, 운동강도에 따라서 발한량이 다르기 때문에 수분 공급에 유연성을 가져야 하고, 미국 스포츠 의학회에서는 더울 때 하는 지구성 운동은 스타트 전 15~20분전에 400~600 mL 냉수를 마시게 하고, 그 후 2~3 km 달릴 때마다 100~200 mL의 수분을 섭취하도록 권장하고 있고, 과거 일본에서는 운동 중에 물을 마시면 피로하고, 정신력을 단련하기 위해 물을 제한한다는 습관들이 있었으나, 이것은 매우 위험한 것으로 경기 중에도 조금씩 물을 계속 마시는 것이 과학적으로 타당하다고 伏木亨은 주장하였다(그림 7-8).

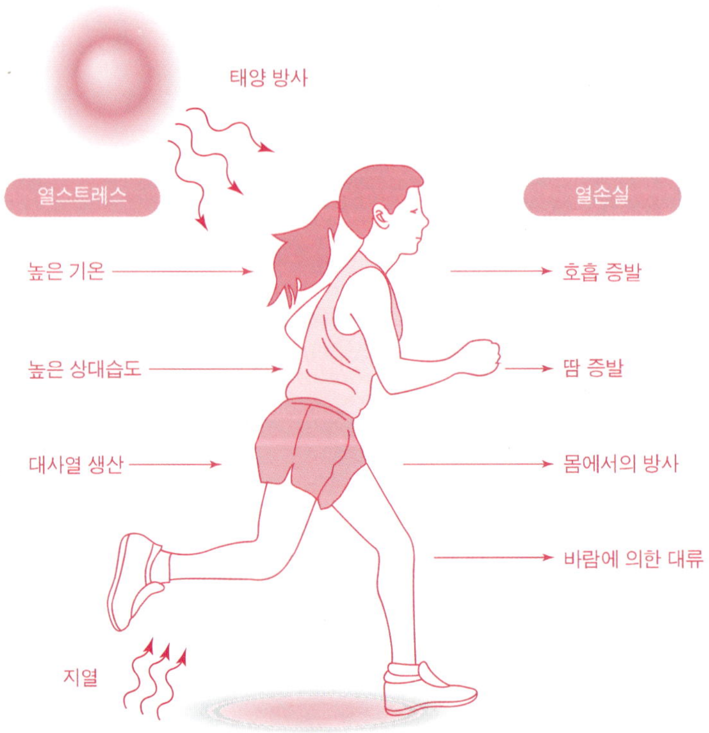

그림 7-8 운동 시 체내 열생성과 열손실

7.5.2 탈 수

운동으로 인한 발한, 탈수로 체온이 높아지면 운동능력이 떨어지는데, 체중의 2~5%의 수분 상실은 performance를 저하시킨다. 땀을 많이 흘리는 것은 혈장의 수분과 전해질의 양이 줄어드는 것으로 급격하게 다량 수분을 손실하면, 수분이 보충된다 해도 일시적으로 혈장량은 감소하게 된다. 따라서 땀을 많이 흘렸을 때 다량의 수분을 주지 않으면, 혈장량이 감소되어 혈액이 점성화되어 뇌의 산소공급 등의 순환장애로 의식에 문제를 일으킬 수도 있다.

반대로 손실된 전해질인 나트륨만 공급하면 세포외액의 삼투압이 높아져 세포 내 수분이 세포 외로 유출되어 운동능력을 감소시키게 된다.

7.5.3 땀과 전해질

발한으로 나트륨, 칼륨, 마그네슘 이온 등의 혈장 전해질이 상실되어 일시적으로 혈장 전해질 농도를 변동시켜 경련을 일으킬 수도 있다. 특히 땀을 흘려 수분이 많이 손실된 것을 의식하여 운동 중에 수분만을 보충하면 혈장 나트륨 농도가 낮아져 저나트륨 혈증을 일으킬 수 있다. 운동 중 수분 보급은 전해질(특히 나트륨)과 동시에 해야 할 필요가 있다.

7.6 산화적 스트레스와 무기질

7.6.1 산화적 스트레스

사람들은 오염물질, 방사선, 산화된 음식의 섭취, 국소성 빈혈 등과 in vivo에서 free radical 생성 등 많은 산화적 스트레스를 가지고 있다. free radical은 화학적 연쇄반응 등으로 과산화물과 2차적 산화로, 세포막, 단백질 그리고 핵산에 장애를 주어, 암, 당뇨, 심혈관계 질환, 자가면역 질환, 신경퇴화적인 질환 등 노화와도 관련이 있다.

산화적 스트레스로 활성산소종이 생기면 각 세포의 receptor에 접촉되어 세포막 methyl transferase가 활성화되어 세포막 점성은 저하되면서, 막의 유동성이 항진되어 생산되는 arachidonic acid를 cyclooxygenase와 lipoxygenase 중에 하나가 작용하여 prostaglandin으로 변하게 한다. 수종의 prostaglandin에 의해 발열, 부종이 시작되며 염증반응의 여러 증상이 나타나고, 이때 prostaglandin이 생산되는 과정에서 활성산소 같은 화학물질을 식세포에서 생산한다.

활성산소는 살균작용도 하지만 그 생성량이 증가하면 염증의 진행이 빠르고 장기나 조직, 혈관에 상처를 입힌다. 또 하나의 반응으로 lipoxygenase가 있는데 이것은 발진, 화농, 비염, 기침 등의 원인이 되는 이물질이 세포 수용액에 부착되어 막의 유동성이 항진되어 leucotriene을 만들고, 이것은 호염구나 비만세포나 호산구 등으로부터 비타민이나 IgE를 분비하여 기침, 알레르기 등을 일으키는 것이다.

위와 같이 많은 질환의 원인이 되는 염증은 산소에서 유래되는 superoxide, nitric oxide, hydroxyl, peroxyl, alkoxyl, hydroperoxyl radical 등과 같은 활성산소종(Reactive oxygen species)으로 이들은 미토콘드리아와 같은 세포 내 기관의 정상적인 대사 및 세포질 내 일부 효소들에 의하여 자연적으로 생성되며, 세포 내에 적당량 존재할 경우 여러 가지 세포반응을 조절할 수 있는 신호분자가 된다. 그러나 생체내에는 천연 항상화제가 존재하여 산소 상해에 대한 방어기능이 있으나 과도한 스트레스에 노출되어 있는 현대인의 복잡한 생활 속에서 더욱 효과적인 식이성 항산화제의 필요가 절실하다.

반복되는 조직의 손상이나 재생에 의해 염증반응이 지속되면 염증 관련 세포는 활성산소종을 과다 생성하는 회로를 반복하여 다양한 질병의 원인이 된다.

7.6.2 운동과 산화적 스트레스

산소는 전자전달계 등에서 에너지 생산효율을 높이나, 그의 높은 반응성 때문에 세포막 등에 산화적 손상을 일으킬 수 있다. 그 중에서도 세포막을 구성하는 인지질 중 불포화지방산은 산화되어, 유해한 과산화지질을 형성한다. 운동은 산소를 많이 소비하므로 생체에서는 일종의 산화적 스트레스로 생각할 수 있으며, 세포막에서의 과산화 지질의 생성이 진행되면 용혈이나 조직 점막 손상으로, 동맥경화증 등 여러 성인병을 유발하게 된다.

7.6.3 항산화 시스템

생체는 신소에 의한 산화적 스트레스에 대응하기 위한 방어기구, 즉 항산화 시스템이 있으며, 미량 원소가 중요한 역할을 하고 있는 것이 있다.

(1) Superoxide dismutase(SOD)

산소가 세포막 등을 산화할 때는 공기 중의 산소보다 에너지가 높기 때문에 활성산소라 하고, Superoxide anion(O_2^-)이 대표적인 예이다. 이것은 백혈구나 세균 등을 공격할 때 방출된다. SOD는 O_2^- 를 과산화수소와 산소(O_2)로 분해하는 효소로 과산화 지질 생성을 억제하는 것이다. SOD는 모든 호기적인 생물의 세포에 존재하며, 생물계에는 여러 종류의 SOD가 존재한다. 척추동물에서는 구리와 아연을 함유한 SOD와, Mitochondria에 존재하는 망간 함유 SOD가 있다. SOD 중의 미량 원소는 SOD의 활성 발현에 필수적이므로, 구리, 아연, 망간 등의 결핍은 SOD 활성을 저하시키고, 심한 운동으로 생긴 산화적 스트레스 방어를 저하시킨다고 吉田宗弘은 설명하고 있다(그림 7-9).

(2) Glutathione peroxidase

항산화 시스템에는 SOD와 같이 과산화지질 생성을 억제하는 것과 과산화지질을 분해하는 것이 있다. 과산화지질을 분해하는 것은 glutathione peroxidase로, 이 효소는 세포 내외에서 발생하는 과산화수소나 과산화지질을 glutathione과 반응시켜 물과 알코올로 분해하는 것이다. glutathione peroxidase는 척추동물의 모든 조직에 있고, 이효소 활성에는 셀레늄이 필요하고, 따라서 셀레늄이 결핍되면, 효소 활성이 낮아 여러 종류의 조직에 산화 장애를 일으킨다고 한다. 또한 吉田宗弘은 셀레늄 결핍 유도 동물에게 수영을 시켰더니 과산화지질의 축적량이 증가되었다는 결과에서 운동에 의한 산소소비가 확실히 산화적 스트레스를 유발시키는데 관여하는 것으로 보고하였다.

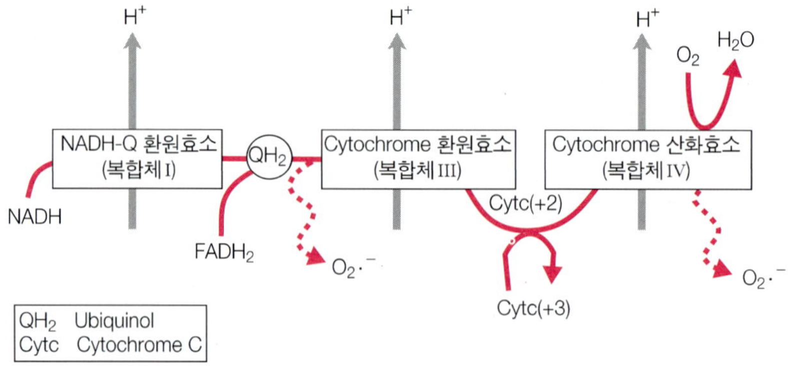

그림 7-9 전자전달계에서의 superoxide 이온의 생성

제 8 장 운동과 수분 및 전해질

8.1 수 분

8.1.1 수분 분포

수분이 체중의 59%, 지방이 18%, 단백질이 16%, 무기질이 6% 그리고 탄수화물이 1%로 구성되어 있으며, 제지방량 기준으로 수분은 72%에 이른다.

수분은 세포내액에 40~50%가 존재하고, 세포외액에 20% 정도 존재하며, 세포외액의 3/4는 세포 간질액, 1/4는 혈액에 존재하고, 세포 횡단 수분은 2% 정도이다.

세포 내의 수분을 세포내액이라 하는데, 수분과 전해질과 유기물이 합쳐진 체액으로 수분 평형, 인산염 등에 의한 산염기 평형, 물질의 능동운반 등의 기능을 하고, 한편 세포와 세포 사이의 공간에 존재하는 체액과 혈액을 합친 세포외액은 세포가 필요로 하는 산소와 영양 물질을 세포에 공급하며, 세포 내의 노폐물을 체외로 배출하고 전위차에 의한 신경전달과 연동운동에 의한 반응과 물질이동 등의 기능을 한다.

세포간질액은 세포와 세포 사이에서 세포를 둘러싸고 있는 액체이고 세포 횡단액은 상피조직의 분비물, 활액낭의 활액, 뇌척수액, 흉강과 복강 내의 수분이다.

체액이나 전해질의 불균형을 조정하기 위해 수분이 이동한다.

8.1.2 수분의 생리기능

수분은 체내에 가장 많은 대사에서의 효소반응 등 생화학반응에 중요한 인자로, 용액상태의 영양소들은 혈액과 림프에 의해 세포조직으로 운반되고, 노폐물배설기능을 하고, 체온조절 시스템에서 체열을 분산하는 전도체로서, 땀을 분비하여 증발하고, 타액을 비롯한 체조직의 구성성분으로 타액은 99.5%, 척수액은 99%, 혈액은 91~92%의 수분이 함유되어 있으며, 뇌는 70~80%, 심장, 신장, 간과 근육은 75%, 골격은 25%, 지방조직은 20% 그리고 치아에도 10% 함유되어 있다.

관절의 활액이나 소화액 등을 생성하며, 산과 케톤체 등의 농도가 높은 산성뇨에서 과량의 물을 방출하거나 대사과정을 조절하는 역할을 한다

물은 유전상수값이 커서 수용액 내에 많은 이온을 함유하고, 이온성 성분과 물분자 사이에 인력이 크기 때문에 극성작용기들은 물분자와 쉽게 결합하여 물분자 사이로 분산하는 성질로 체내에서 여러 화학반응의 용매 및 가수분해반응에 필요하다.

8.1.3 수분의 흡수와 배설

물은 섭취한 음식 kcal당 1 mL 수분이 필요하여 하루에 1.3~3.5 L을 섭취하는데 주로 식품 중에 함유된 수분과 음료수이고 그밖에는 영양소의 산화수분인 대사수이다. 물은 위를 통과하여 95% 정도는 소장에서 흡수되고, 4%는 대장에서, 1%는 소변으로 배설된다. 물의 배설은 신장, 피부, 폐 및 장관으로 배설되며, 분비율은 신장에서 40~60%, 피부에서 15~30%, 대변으로 5~10%가 배설된다. 피부 표면과 상기도 점막에서는 안정시에 수분을 증발하

는 불감증설이 있는데 그 양은 피부 배설분의 70% 정도라 한다.

일반적으로 음료수, 식품 중의 수분, 영양소의 산화수분 등으로 하루 필요량을 충족시킨다. 그러나 물의 필요량은 여러 가지 인자들에 의해 좌우되는데, 고열과 고온에서 활동할 때 하루에 5 L, 심한 운동을 할 때에도 최대 10 L의 수분이 필요하다.

체표면적에 따라 대사율은 높아, 체온이 높아지나 체온중추의 미발달로 영아기에 가장 많이 필요하여 150 mL/day로 권장하고 있으며, 섭취 영양소에 따라서는 단백질, 염분, 당분 농도가 높을 때 수분필요량이 많고, 또 핵산 함량이 높은 커피, 차, 코코아 등의 섭취에도 수분필요량이 많다.

8.1.4 수분 결핍

수분의 생리작용은 생명 유지나 운동 등 활동에 중요하며, 체중에 60% 정도를 차지하고 있다. 이런 수분은 구토, 설사 또는 심한 운동으로 인한 발한으로 체중의 1%가 부족하면 갈증이 유발되고 6~10% 부족되면 두통, 호흡곤란, 언어장애가 유발되면 12~14% 부족하면 음식의 연하가 어렵고 20%까지 부족은 사망에도 이르게 된다.

8.2 체 액

정상의 혈장 삼투질 농도는 275~295 mOm/kg로, 295 mOm/kg 이상으로 혈장 나트륨 농도가 높으면 고삼투질 체액, 나트륨과 수분의 양이 거의 같으면, 등삼투질 체액, 용질 농도가 수분보다 작으면, 저삼투질 체액이라 한다.

삼투질 농도는 소변의 비중으로 측정하는데, 비중이 높으면 소변이 농축된 것으로 탈수상태, 소변 비중이 낮으면 수분을 많이 섭취한 경우이다.

8.2.1 체액 조절

체액 균형의 조절은 최우선 인자인 갈증기전을 비롯하여 삼투수용체, 레닌-안지오텐신-알도스테론 시스템, 혈관의 변화 등이 있다.

(1) 삼투수용체

시상하부의 삼투수용체(osmoreceptor)에 의한 삼투질 농도는 항이뇨호르몬 분비를 자극하거나 억제하여 조절하고, 삼투질(osmolarity) 농도는 용액 1 kg에 녹아 있는 용질의 양으로 용질의 농도가 높을수록 삼투질 농도가 높아진다. 혈장에 많이 있는 용질은 나트륨과 단백질이며, 삼투질 농도에 따라 신체 구간의 수분을 이동시켜 체액 농도를 조절한다.

(2) 레닌-안지오텐신-알도스테론호르몬 시스템

신장은 레닌-안지오텐신-알도스테론(renin-angiotensin-aldosterone)호르몬 시스템으로 나트륨 농도를 감지하여 삼투압을 정상으로 유지한다.

(3) 압력수용체

그 외에 체내에서 수분과 나트륨 농도 조절하는 것은 압력수용체(baroreceptor)로, 혈장 나트륨 농도는 수분에 나트륨이 용해되어 있으므로 수분양에 따라 혈장 나트륨 농도도 달라진다.

8.2.2 운동과 체액

체액의 균형과 불균형에서 나트륨이 중요한 역할을 하며 운동에 의한 발한은 수분과 전해질이 손실된 체액의 불균형 상태로, 세포 외액량의 결핍, 수분 중독증, 세포내액량 감소 등이 있으나 운동으로 인한 발한 중심으로 알아보겠다.

(1) 세포외액량 결핍

혈관 내의 체액과 세포 간질액이 감소된 탈수상태로 갑작스럽게 세포외액

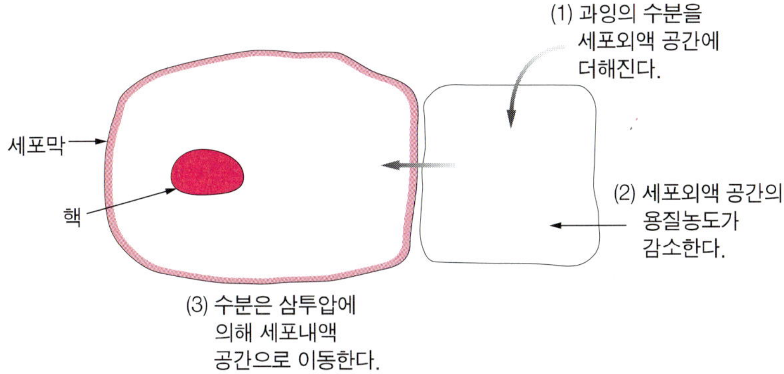

그림 8-1 세포외액에 수분이 많은 경우의 세포 크기

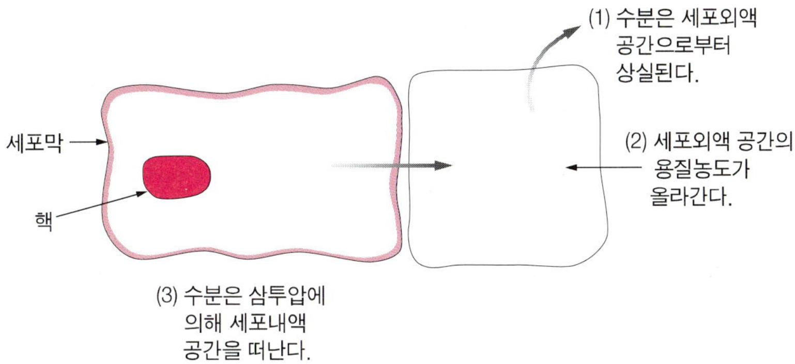

그림 8-2 세포외액에 수분이 상실된 경우의 세포 탈수

량이 결핍되면 세포 내에서 혈관으로 수분을 보내므로 세포 내 수분이 손실된다(그림 8-1, 8-2).

주된 원인은 수분이 나트륨보다 많이 손실되어 전해질 농도가 높아진 상태로 땀을 많이 흘려 수분이 많이 손실되었거나, 수분 섭취가 불충분하여 혈청 내 나트륨 농도가 증가되어, 체액이 세포에서 혈관으로 이동하는 것으로 심하면, 혈관의 허혈, 뇌세포에서 탈수가 일어나 혈관 경련, 뇌졸중이 일어난다.

(2) 세포내액량 결핍

고나트륨혈증과 탈수가 심해지면 세포 탈수가 일어나는 것으로, 갑자기 수분이 손실되면 갈증, 발열, 중추신경계변화(혼돈, 혼수, 뇌출혈)가 나타난다.

8.3 전해질

8.3.1 전해질의 균형과 불균형

전해질은 세포외액과 세포내액에서 전기를 띤 이온으로 해리된 물질로, 양이온은 (+)전기를, 음이온은 (−)전기를 띠며, 양이온은 Na, K, Ca, Mg, H이고 음이온은 Cl, P, HCO_3, 단백질이다.

세포 내에는 K, Mg, P, 단백질이, 세포 외에는 Na, Ca, Cl, HCO_3이 많으며, 세포 내 주요 양이온은 K이고 세포외액에서는 Na이고, 세포외액에서는 나트륨 농도가 체액 균형을 조절한다.

전해질은 신체 수분과 혈액의 산-염기를 조절하고, 신경자극을 전도하여 근육 활동에 자극을 주며, 혈청 내 전해질 농도로 표시하며, 혈청 전해질 농도는 mEq/L 혹은 mg/dL로 표현한다.

8.3.2 운동과 나트륨

세포외액에서 체액 균형의 중요한 전해질인 나트륨이 혈장 내에서 증가 또는 감소하여 생기는 현상으로 나트륨 농도가 135 mEq/L 이하이면 저나트륨혈증, 145 mEq/L 이상이면 고나트륨 혈증이라 한다.

그러나 나트륨 농도는 삼투압 조절에 영향 주는 인자로, 혈액량이 감소되면 혈압이 저하되어 신장에서 단백질 분해효소의 일종인 renin을 분비시킨다. 레닌은 혈장의 안지오텐시노겐을 안지오텐신 I으로 전환, 안지오텐신 I은 혈장에서 다시 안지오텐신 II로 되고, 이 안지오텐신 II가 부신피질에 작용하여 알도스테론을 분비시킨다. 알도스테론은 신세뇨관에서 나트륨의 재흡수를 촉진시켜, 혈액 중 나트륨 농도를 상승시켜 삼투압을 높힌다. 혈액의 삼투압이 높아지면, 세포내액에서 수분이 혈액으로 이동하고, 동시에 항이뇨호르몬(vasopressin)이 뇌하수체 후엽으로부터 분비되어 신세뇨관에서 수분 재흡수가 촉진되어 혈장 수분량이 회복된다(그림 8-3).

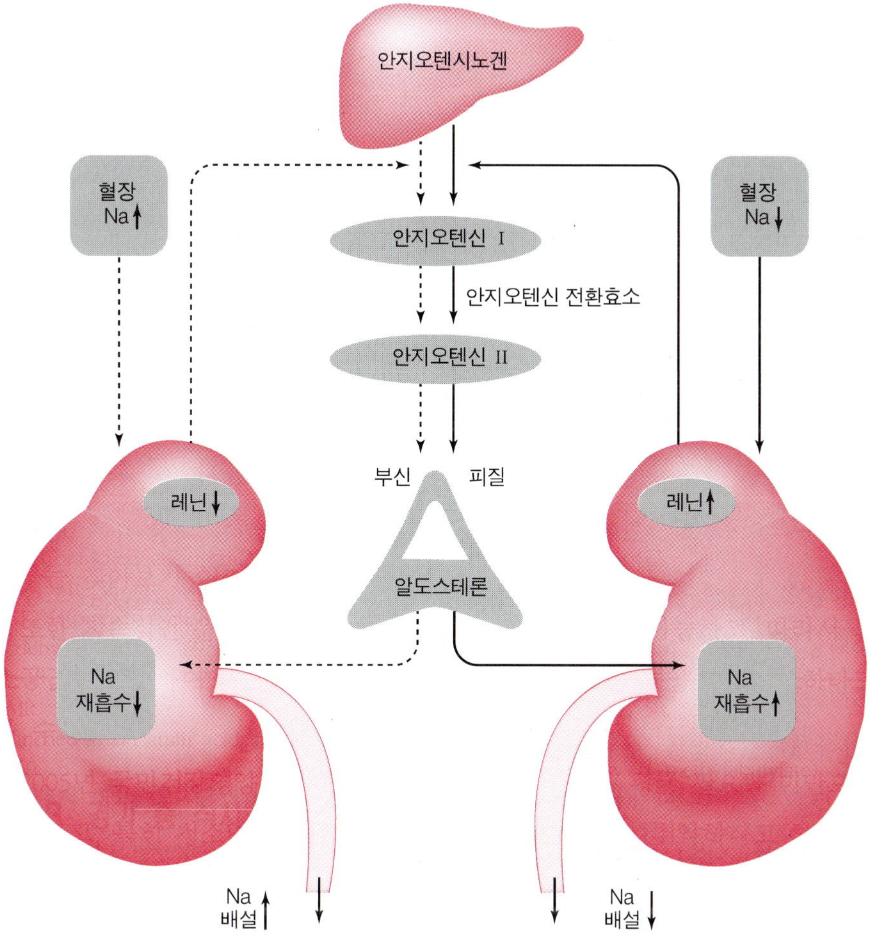

그림 8–3 전해질 배설의 조절

(1) 저나트륨혈증

혈청 내 나트륨량이 135 mEq/L 이하인 상태로, 알도스테론의 작용의 범위를 벗어난 상태의 전해질 불균형으로, 저나트륨 혈증은 나트륨이 수분보다 많이 손실되었거나, 신체 내 총나트륨량에 수분량이 많이 증가된 상태 등이다.

1) 원 인

땀을 너무 많이 흘려 생기는 증세로 갈증기전에 장애가 있거나 수분손실 후 너무 급하게 수분을 보충 받은 경우

2) 증 세

세포외액의 나트륨 농도가 낮아지면, 세포외액은 수분 균형을 이루기 위해 수분이 세포 내로 이동한다. 그러면 흥분막 사이로 이동할 수 있는 나트륨량이 줄어서 세포막 탈분극이 지연되고, 이런 상태에서 중추신경계 세포는 민감해져서, 뇌세포는 뇌혈류량을 줄이고, 뇌 세포 내 삼투질 농도를 줄여 보상하려고, 나트륨, 칼륨, 그리고 아미노산과 같은 세포 내 이온을 감소시킨다.

따라서 저나트륨혈증은 세포외액량 손실로 쇼크, 혼돈, 경련, 혼수 등과 같은 치명적인 문제를 일으킬 수 있다.

(2) 고나트륨혈증

혈청 내 나트륨 농도가 145 mEq/L 이상으로 수분이 손실되었거나, 체내 총 나트륨량에 비해 체내 총 수분량이 부족하여 발생하는 것이다.

1) 원 인

신체 총수분이 나트륨에 비해 심하게 손상된 상태로 심한 발한, 갈증 대사장애, 설사시에 수분 보충이 안될 때 발생한다.

2) 증 세

세포외액이 고삼투질이므로 수분이 세포 외로 이동하여 세포 내 탈수가 일어난다. 이것도 저나트륨혈증과 같이 세포막 전압을 변화시키므로, 중추신경계 다음으로 골격근, 심장, 평활근에 영향을 준다.

심장도 심장 근육수축을 위해서는 칼슘이 필요한데, 고나트륨혈증에서는 나트륨이 심장의 칼슘 통로에서 칼슘과 경쟁하여 심근의 수축력을 억제하여 치명적이 된다.

8.3.3 운동과 칼륨

칼륨은 96%(150 mEq/L)가 세포 내에 존재하고, 4%(5 mEq/L)이 혈관 내에 존재한다. 칼륨은 대부분이 세포 내에 있으나, 혈청 내 칼륨의 범위는 3.5~5.0 mEq/L로 2.5 mEq/L 이하이거나 7.0 mEq/L 이상이면 심장마비를 초래할 수 있기 때문에 정상범위를 유지하는 것이 중요하다. 칼륨은 세포 내 삼투질 농도 조절, 신경자극의 전도와 골격근을 비롯한 근육수축을 돕는다.

칼륨의 불균형은 고칼륨혈증과 저칼륨혈증으로 구분하는데, 고칼륨혈증은 혈청 내 칼륨이 5 mEq/L 이상으로 신장기능이 비정상인 사람에게서 나타난다.

저칼륨혈증은 혈청 칼륨 농도가 3.5 mEq/L 이하의 상태로 이뇨제, 설사약을 복용한 사람들에게 나타날 수 있다.

증세로는 안정상태에 있는 세포막의 전압을 상승시켜, 흥분성이 높아져, 세포막이 자극에 대해 더 많이 반응하므로, 근육 경련, 어지러움, 심장 박동이 불규칙하고 혈액 펌프 능력이 감소되는 등 생명을 위협한다.

칼륨은 모든 식품에 널리 분포되어 있어 섭취부족에 의한 결핍증은 흔하지 않으나, 강도 높은 운동을 한 운동선수, 특히 고온이나 운동을 하여 땀으로 손실되었을 때 손실량을 보충해야 한다.

8.3.4 마그네슘 불균형

마그네슘은 세포 내에 칼륨 다음으로 많은 양이온으로 정상 혈청 농도는 1.5~2.5 mEq/L이다.

칼륨은 50%가 뼈에 저장되어 있고, 49%는 세포내액에, 1%는 세포외액에 들어 있고, 혈청에는 1%의 마그네슘 중 30%는 단백질과 결합되어 있고 15%는 음이온과 55%는 이온상태로 존재한다.

마그네슘은 신경자극의 전도와 골격근, 평활근, 심장근의 수축작용을 하는 전해질로서, 결핍되면 신경이나 근육에 심한 경련이 일어나고, 심부전과 심장마비를 일으켜 사망하는 수도 있다.

저마그네슘 혈증은 혈청 농도가 1.5 mEq/L의 상태로, 알코올 중독환자, 심한 영양 불량, 만성 소화장애증, 구토, 설사 등이 원인이 되고, 운동과의 관련성에서는 지속적으로 운동을 하는 경우, 심하게 땀을 흘린 경우 혈청 마그네슘 농도가 낮아지나, 정상적인 식사를 하는 사람에게서는 결핍증이 발생하지 않는다.

8.4 운동과 발한

운동은 체내에서 열을 많이 발생하고, 체온이 높아지기 때문에, 체온을 일정하게 유지하기 위해서는 발생한 열을 체외로 발산해야 한다. 땀을 많이 흘리는 것은 수분과 전해질의 불균형을 초래할 수 있으며, 땀을 흘리지 않는 상태인 운동시에 발한이 안되면 열발산이 곤란해지고 체온이 상승하여 신체 건강에 치명적인 영향을 줄 것이다.

8.4.1 땀의 분비

땀은 체표면에 널리 분포하여 땀 분비기능이 활발한 에크린선에서 분비되어 체온 조절에 중요한 역할을 한다(그림 8-4).

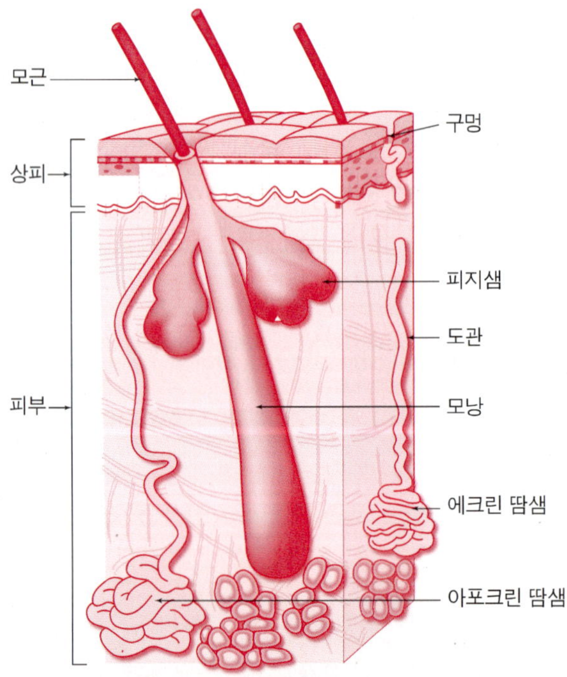

그림 8-4 땀샘에서의 에크린선

땀샘은 분비관과 도관으로 되어 있고 분비관은 표층, 기저, 근상피세포로 구성되었다. 땀은 기저 세포막의 나트륨-칼륨 ATPase에 의해 혈장에서 나트륨 이온과 염소 이온이 분비되어 분비관 내로 들어오고, 그 후 삼투압에 의해 수분이 분비관 내로 들어와, 혈장과 거의 같은 농도의 땀 원액이 생성된다. 이 원액이 도관을 통과할 때에 수분이나 무기질의 재흡수 또는 분비가 일어나 최종적으로 땀이 되는 것이다.

8.4.2 발한량과 전해질

여름철에는 운동을 하지 않아도 하루에 흘리는 땀은 1.5~2 L 정도이고, 불감증설분까지 더하면 2~3 L에 이른다. 심한경우에는 매시간 1~1.5 L에 달하는 경우도 있으나, 3 L 이상을 다량 발한이라 할 수 있고, 하루에 노폐물 배설에 필요한 수분인 소변으로 내보내기 위한 수분이 0.5~1.5 L 필요하기 때문에 이 이상으로 땀을 흘리면 수분은 보충해야 할 것이다. 즉, 하루에 10 L 땀을 흘린 경우라면, 땀의 나트륨 농도를 평균 60 mmol/L로 하고, 식염으로 환산하면 약 35 g이 손실된 것으로 계산이 되고 이양을 하루 식염 섭취량과 비교하면 매우 부족한 상태이므로 수분만을 공급하면 혈장 나트륨 농도가 저하된다.

땀을 흘리는 것은 혈장으로부터 수분과 나트륨과 염소 등을 상실하는 현상으로 혈장에서 급격하게 다량의 수분을 상실하면, 혈장량은 일시적으로 감소하고, 혈장량 감소에 따라 혈액이 점조화되어 순환장애가 발생한다. 순환장애는 뇌의 산소공급을 저하시켜 의식장애를 야기시킨다.

발한으로 수분과 전해질 손실에서 수분만을 공급하면 세포외액의 삼투압이 낮아져서 수분이 세포 내로 이동하여 혈액량이 감소하고 혈압이 강하되고 근육 경련으로 운동을 지속할 수 없고, 또한 땀에 많은 전해질인 나트륨과 염소 이온을 보충할 목적으로 염분만 공급하면, 세포외액의 염분농도가 높아져서 세포 내 수분이 세포 외로 이동되어 운동능력이 감소된다(표 8-1).

따라서 운동 등으로 땀을 많이 흘리는 경우, 발한으로 손실된 수분과 무기질 보급을 목적으로 개발된 스포츠 음료(sports drink)를 권장하고 있다. 스포

표 8-1 땀과 혈장 중의 무기질 농도

무기질	땀에서의 농도 [mM]	발한량과의 관계*	혈장중 농도 [mM]
Na	30～120	+	139～146
Cl	10～100	+	101～109
K	5～35	−	3.7～4.8
Ca	1～10	−	2.1～2.6
Mg	< 2.0	−	0.5～1.0

* + : 발한의 증가와 더불어 농도 상승, - : 발한량 증가와 더불어 농도 저하

표 8-2 일반적인 땀과 시판 스포츠 음료의 무기질 농도

무기질	농도 [mM]	시판 스포츠음료 [mM]
Na	5～30	10～25
Cl	5～25	10～20
K	2～15	5～20
Ca	0.5～5	0.5～10
Mg	0.1～2	0.2～5

츠 음료는 나트륨, 칼륨, 칼슘, 마그네슘의 무기질이 있다. 표 8-2에 제시된 것과 같이 일반적인 땀의 무기질 농도와 비슷하므로 땀을 많이 흘린 경우에 효과적이다(표 8-2).

상품에 따라서는 특정한 무기질 농도를 높힌 것과, 식사로 섭취가 부족한 것을 보충하기 위해 만든 음료도 판매되고 있다.

8.4.3 혈액량과 혈장 전해질 농도의 항상성

발한은 혈장에서 수분과 함께 나트륨 등의 무기질이 다량 손실되는 현상이다. 생체는 이에 대응하기 위해 혈액량이나 혈장 중 무기질 농도를 유지하기 위해 다양한 구조를 가지고 있다.

(1) 혈액량과 나트륨 농도

다량 발한 직후 혈액 성분 측정 결과 발한 후에 단백질 농도가 상승되었는데, 이 결과는 발한으로 혈액이 농축되었음을 유추할 수 있고, 즉 혈액량이 감소되었다. 이와 같이 혈액량이 감소되면 혈압이 저하되어 레닌-안지오텐신-알도스테론(renin-angiotensin-aldosterone)호르몬 시스템에 의해 알도스테론은 세뇨관에서 나트륨의 재흡수를 촉진시켜, 혈액 중 나트륨의 농도를 상승시켜 삼투압을 높혀서 나트륨의 항상성을 유지한다.

혈액의 나트륨 농도 상승으로 삼투압이 높아지면, 세포내액에서 수분이 혈액으로 이동하고, 동시에 항이뇨호르몬(vasopressin)의 분비로 신장에서 수분이 재흡수되어 혈장 수분량도 조절된다.

(2) 혈장 칼륨 농도

칼륨의 95%가 세포내액의 양이온 상태로 존재하며 세포막에는 나트륨-칼륨 ATPase가 혈장 등 세포외액으로부터 칼륨을 세포 내로 끌어들인다. 그 결과 혈장 칼륨 농도가 상승하면 알도스테론이 분비되어, 소변으로 칼륨이 분비되어 정상범위의 혈장 칼륨 농도를 유지한다. 그러나 땀으로 손실되는 칼륨은 수분이나 나트륨에 비교하면 적고, 자연식품 중에 칼륨이 존재하므로 쉽게 보충되기 때문에 결핍이나 정상범위 유지에 대해서 신경을 쓰는 것보다는 혈장 칼륨 농도가 정상범위 이상이면 부정맥등의 위독한 상태가 되므로 칼륨 농도가 높아지는 것에 주의해야 한다.

(3) 칼슘과 마그네슘 농도

발한으로 칼슘과 마그네슘도 손실되므로, 발한으로 혈장 칼슘 농도가 저하되면, 부갑상선으로부터 parathormone이 분비된다. parathormone은 뼈를 파괴하여, 혈장 칼슘 농도의 항상성을 유지된다. 뼈에는 칼슘과 마그네슘이 같이 존재하기 때문에 parathormone의 분비로 혈장 마그네슘 농도도 유지된다.

8.5 발한에 의한 증상

8.5.1 나트륨 손실

운동시에 발한으로 혈장 나트륨 농도가 낮아져 근육 경련을 일으키는 상태를 열경련이라 하고, 수분이 많이 손실되어 혈액이 농축되어 순환장애를 일으키는 상태를 열피곤이라 하며 현기증, 무기력감, 두통 등과 뇌로의 산소공급이 저하되어 의식을 잃는 경우가 있고, 땀이 충분히 나지 않아 열발산이 되지 않아 체온이 올라가는 것으로 일사병(열사병)이라고 한다.

8.5.2 발한과 전해질 보충

(1) 물, 나트륨, 또는 칼륨

발한으로 인한 물, 나트륨, 칼륨의 손실분은 운동 중이나 운동 직후 보충해야 한다. 1시간당 1 L 정도의 땀이 나는 운동을 지속하는 마라톤 같은 경기에서는 1 cup(180 mL)정도의 수분을 10~20분 간격으로 섭취해야 하는데 그런 점에서 마라톤 경기에서는 5 km마다 급수 포인트가 설치되어 있다.

한편, 땀의 평균 나트륨 농도를 60 mM이라고 하면 1 L에는 식염으로 환산하면 3.5 g의 나트륨을 손실하게 된다. 또한 땀의 평균 칼륨 농도를 5~10mM로 하면 1 L에는 0.2~0.3 g의 칼륨이 손실된다고 한다.

(2) 칼슘과 마그네슘

칼슘과 마그네슘은 뼈의 골량을 유지하거나 증가시킬 목적으로는 땀으로 손실되는 분량의 칼슘은 식사에서 섭취량을 증가시키는 것으로 충분하다. 즉 우유 100 mL는 100 mg의 칼슘을 함유하기 때문에 운동선수는 하루에 1 L의 우유 섭취를 하는 것을 표준으로 한다고 吉田宗弘은 설명하고 있으며, 한국인 영양섭취기준(2010)에서는 한국인 영양조사에서 칼슘의 섭취량이 모든 나이별로 부족한 상태로 보고하였으며, 운동이나 발한에 의한 칼슘 섭취량에 관한 자료는 소개되어 있지 않다. 일반 성인의 권장섭취량이 750 mg/일로, 상한 섭취량은 2,500 mg/일로 설정되어 있어, 운동과 관련된 칼슘 섭취량 연구가 필요하다고 생각된다.

마그네슘은 골격과 무기질 항상성, 저칼슘 혈증을 예방, 에너지대사 항진 등에 필요한 성분이 되기 위해서는 吉田宗弘은 600 mg/일을 추천하고 있으나 한국인 영양섭취기준(2010)에서는 마그네슘은 골격과 무기질 항상성에 중요하고 운동선수는 섭취량이 많다는 보고도 소개하였으나, 구체적인 권장섭취량이 제시되지 않아 향후 연구과제로 생각된다.

제 9 장 운동과 근육

9.1 골격근

9.1.1 골격근 구조

근육은 신경조직, 혈액, 결합조직 등으로 골격근을 형성하고, 근육은 가늘고 긴 근내막으로 둘러싼 근섬유, 근섬유들을 작은 다발로 싼 근속이 모인 것으로 근섬유에 있는 근형질은 근초로 덮혀 있으며, 근형질 속에는 핵, 미토콘드리아, 리소좀 등의 세포소기관이 있고, 굵은 섬유(미오신)와 가는 섬유(엑틴)의 근원섬유가 있다.

골격근은 건으로 뼈에 고정되어 있다가 근육이 수축되면 움직이게 된다. 골격근 수축은 운동신경단위(motor neuron)에 의해 근섬유 자극에서 시작된다. 즉, 신경자극이 운동신경단위 끝에 도달하면 신경가지에서 아세틸콜린이 나와 활동전압이 발생되고, 활동전압은 근세포로 칼슘 이온을 유입시켜 수축을 하게 되고, 이 수축에는 ATP가 필요하다

ATP 합성에는 산소와 포도당이 공급되어야 하므로 호흡에 의해 조절되며, 그런 운동으로는 근육을 강하게 수축시키는 무산소 운동과 호기성 호흡을 자극하여 지속적으로 운동을 하는 유산소성 운동이 있다. 그러나 계속 강한 운동을 하면 필요한 양의 산소를 공급할 수 없어 근육에 젖산이 축적되고 산소 부채가 일어난다. 따라서 근육은 피로하게 되고, 수축강도가 감소하게 된다. 근육수축은 운동, 호흡, 자세 유지, 체온 유지를 위한 열생산 역할을 한다.

9.1.2 근육의 구조

근육은 근속으로 구성되어 있고, 근속은 지름 20~150 um의 가는 근섬유가(muscle fiber)가 수십에서 수백 개 모인 것이다. 근섬유 내부에는 횡문으로 보이는 근원섬유(myofibril)들이 있는데, 이 횡문은 그림과 같이 굵은 섬유(myosin filament)와 가는 섬유(actin filament)가 나란히 있기 때문에 생기는 것이다(그림 9-1).

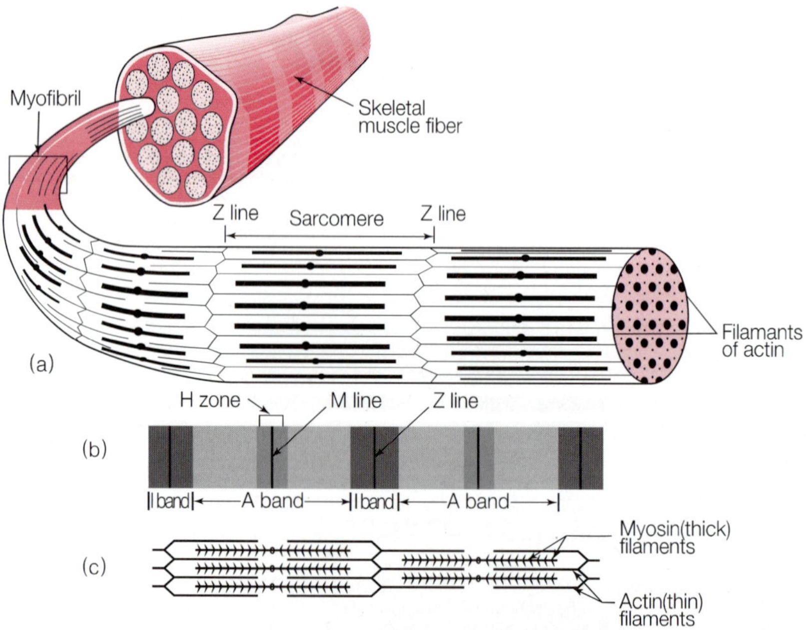

그림 9-1 골격근 섬유구조 : (a) 골격근 섬유는 수많은 근원섬유를 가지고 있음, (b) 소포체라는 단위의 중복, (c) Sarcomere는 액틴 섬유와 미오신 섬유의 정렬로 특징적인 횡문이 있음

굵은 섬유는 섬유상 단백질의 myosin이 중합된 것이고, 가는 섬유는 구상 단백질의 G-actin이 중합된 F-actin과 troponin 또는 tropomyosin으로 구성되어 있다. troponin의 C에는 칼슘 이온이 특이적으로 결합하는 부위가 있다.

9.1.3 근육의 수축

근육수축은 근세포 내의 칼슘 이온 농도가 높아지면서 시작되고, 즉 근육 수축은 신경의 흥분이 근육 세포막을 탈분극시켜, 세포막이 흥분하면 횡행소관(transverse tubule, T관)을 지나, 근육소포체(sarcoplasmic reticulum, SR)에 전달되고, 근육소포체에서는 칼슘 이온이 비축되어 흥분이 전달되고 나면 칼슘 이온을 세포질로 방출한다. 세포질에 칼슘 이온 농도가 높아지면 tropomyosin에 있는 troponin C와 결합한 actin이 미오신의 틈으로 slide하여 myosin이 결합하여 actin-myosin 복합체(cross bridge) 형성으로 근육이 수

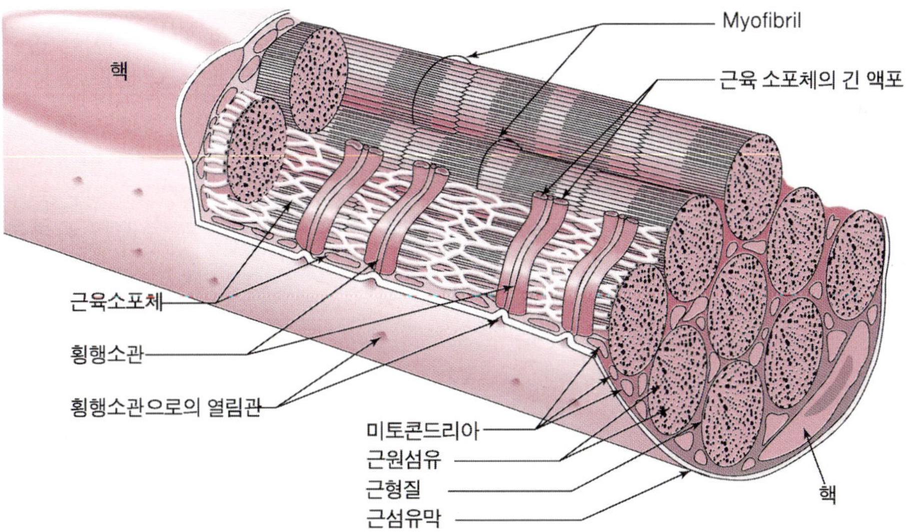

그림 9-2 골격근 섬유의 근형질 구조

축된다. 즉, actin-myosin 복합체(cross bridge)는 myosin에 결합한 ATP가 분해한 에너지로 cross bridge를 slide하여 수축하고, 이어서 ATP가 다시 myosin에 결합하면 actin은 myosin에서 떨어져 나가 이완된다(그림 9-2, 9-3, 9-4, 9-5).

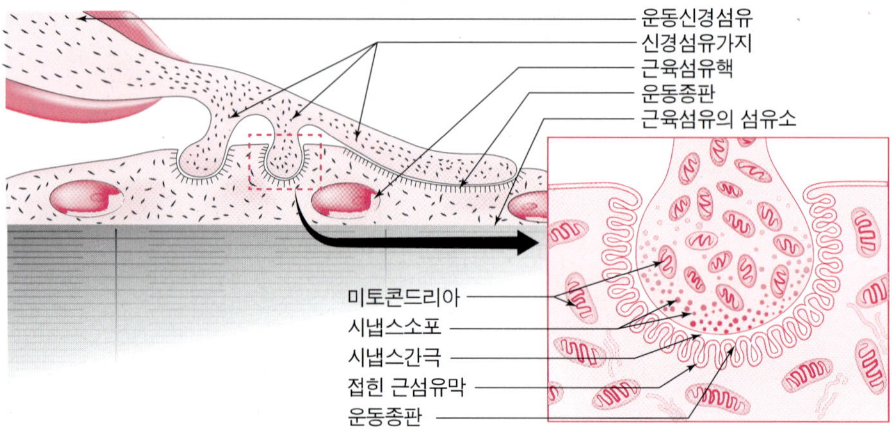

그림 9-3 근육섬유의 운동종판과 운동신경단위 가지를 포함한 신경근육 접합

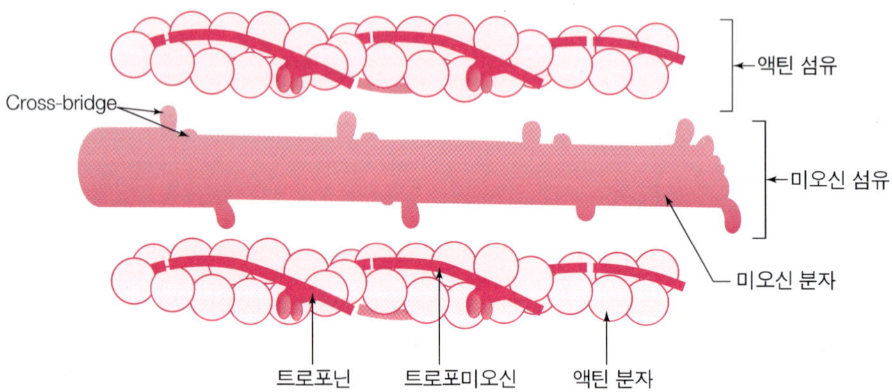

그림 9-4 액틴과 미오신의 cross-bridge

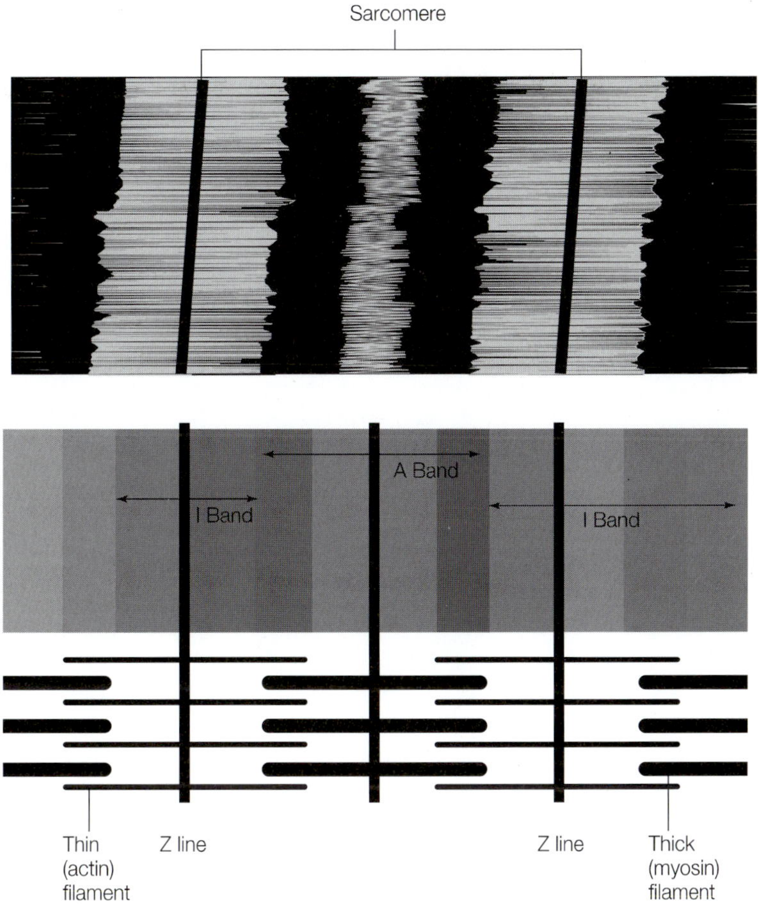

그림 9–5 sarcomore 구조

9.1.4 근육수축과 칼슘

혈장 등 세포외액 중의 칼슘 이온 농도는 1~2 mM이지만, 세포질의 칼슘 농도는 그 1/10,000인 0.1 μM 이하이다. 따라서 세포질의 칼슘 이온 농도가 매우 낮아 아주 적은 양만 들어와도 수십배 농도로 변하기 때문에 정확하게 반응할 수 있다.

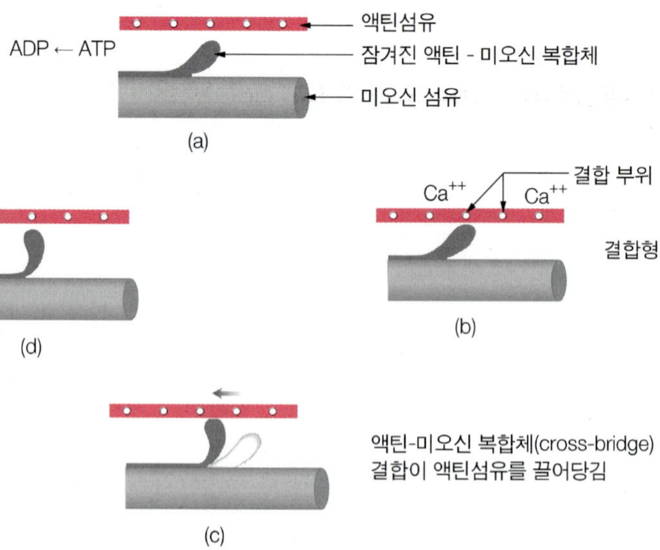

그림 9-6 Sliding 이론에 의한 근육의 수축과 이완

(a) ATP 분해로 결합하지 않은 미오신 Cross-bridge를 잠그도록 에너지를 제공한다. 이때 칼슘 이온 농도는 낮고 근육은 이완상태를 유지함. (b) 캄슘 이온 농도가 올라가면, 액틴 섬유에 있는 결합부위가 열려 Cross-bridge에 붙는다. (c) 액틴과 결합한 상태에서 Cross0brodge는 잠겨진 위치에서 일어나 액틴 필라멘트를 끌어당긴다. (d) 액틴 섬유로부터 ATP가 해리되었기 때문에 ATP는 Cross-bridge와 결합한 상태이다. 따라서 ATP에 칼슘 이온이 존재하는 한 회로는 계속된다.

이와 같이 세포질의 칼슘 이온 농도가 낮은 것은 세포막에 칼슘 펌프(calcium pump)가 있어, ATP를 써서 칼슘 이온을 세포 외로 방출시키기 때문이다. 세포막에는 칼슘 펌프 이외에도, 세포 외의 나트륨 이온과 세포 내 칼슘 이온을 교환하는 단백질이 있다.

근육세포 내에는 소포체가 있고, 소포체막에는 칼슘 펌프가 있어, 세포질의 칼슘 이온을 소포체 내로 보내고, 따라서 소포체 내 칼슘 이온 농도는 수mM로 높아지고, 칼슘 이온 농도가 높아진 소포체는 근육수축을 하고 막구조를 변화시켜, 칼슘 이온을 방출시키는 것이다(그림 9-6).

9.2 근육 활동과 영양소

9.2.1 철 분

근육의 수축과 이완 활동을 위해서는 칼슘 이온이 필요하나 체내 항상성 시스템에 의해 근육 활동에 지장을 주지 않을 것이다.

철분 섭취 부족은 헤모글로빈과 미오글로빈 등의 농도를 낮게 하고, 특히 헤모글로빈은 조직에 산소를 공급하므로 근육 활동에 큰 영향을 주게 되며, 지근 섬유와 같이 산소 요구량이 높은 세포에서 빈혈은 활동을 느리게 할 수 있으며, 구리도 빈혈증을 유발시킬 수 있는 인자로 생각해 볼 수 있으나 관련 연구는 찾아보기 어려운 실정이다.

또한 지속적인 운동에 필요한 ATP는 유산소 상태에서 가능하고, 따라서 산소공급이 중요하며 헤모글로빈의 산소운반 역할과 철분 영양소가 필요하다고 볼 수 있다.

2005년 국민건강영양조사에 의하면 청소년의 55%가 평균 필요량 미만으로 섭취하고, 특히 청소년 여성집단의 철 영양 상태가 가장 취약하다고 하는 것을 참고로 운동에서의 철분의 관련성을 고찰하고자 한다.

9.2.2 운동과 빈혈

운동선수가 빈혈이 될 수 있는 요인들로는 체중 제한 종목에 출전하는 선수들은 무리한 감량을 위한 다이어트, 경기 결과에 대한 스트레스로 인한 철분 흡수율 저하, 마라톤 선수들의 발바닥 부분의 출혈 등 운동이나 훈련에서 물리적인 자극에 의한 출혈 등을 제시하고 있다.

철분 결핍은 헴 합성을 저하시키므로 hemoglobin, myoglobin, cytochrome 등 헴단백질의 양을 감소시킨다. 구리 함유 단백질인 ceruloplasmin이 철분을 유리시키므로 구리 결핍도 헴 합성을 저하시키는 등 결핍에는 여러 영양소가 관련된다.

(1) 용혈성 빈혈

헤모글로빈 농도가 남성이 13 g/dL, 여성 12 g/dL 이하를 빈혈(anemia)라고 하는데, 원인으로는 철결핍, 적혈구 생성과정 이상, 용혈 등이 있으며, 특별히 스포츠 활동이 원인이 되는 빈혈을 운동성 빈혈이라고, 대개는 철결핍성 빈혈(iron deficiency anemia) 또는 용혈성 빈혈(hymolytic anemia)라고 한다. 운동성 빈혈은 여성 운동선수에게서 높고, 심한 훈련, 급히 운동량을 늘린 경우에 많다고 한다. 운동으로 합토글로빈(haptoglobin)이 저하되고, 망상적혈구(reticulocyte)의 농도가 증가하는 현상으로 이는 용혈이 진행되어 적혈구 합성이 항진되었음을 의미하는 것이다.

용혈의 원인은 명확하지 않지만 운동시의 발한에 의한 저나트륨혈증에 의한 삼투압의 변화와 장시간 달리는 마라토너나 점프를 해서 착지하는 배구선수들의 훈련에서 지속적인 자극이나 충격으로 인한 출혈로, 사람이 운동을 할 때 큰 중력이 발바닥에 걸리는 심한 운동은 혈관을 누르고 터져 내출혈을 일으키고, 동시에 적혈구 파괴를 들고 있다.

다른 원인으로는 운동할 때에 산화 스트레스를 많이 받아 적혈구막의 인지질이 손상되어 적혈구막을 약화시켜 용혈될 것이라는 가능성을 吉田宗弘은 제시하고 있다. 따라서 수분과 나트륨, 항산화 영양소인 비타민 C, 비타민 E 등을 포함한 영양소 균형이 잡힌 식사로 예방할 수 있을 것이다.

(2) 근육과 철분

근육은 색을 기준으로 적색근과 백색근으로 분류한다. 근육 중의 미오글로빈 함유량의 차에 따라 분류되어, 적색도가 강한 근육일수록 미오글로빈의 함유량이 높다.

미오글로빈은 근섬유의 근형질에 있는 헴으로 구성된 적색 단백질이다. 헴은 산소와 결합하여 근육세포로 산소를 운반, 저장하며, 산소 결합 능력은 헤모글로빈보다 크고, 헤모글로빈에 결합할 산소를 공급한다.

(3) 골격근의 분류

이들 근육은 기능적 차이가 있어 다시 지근과 백근으로 분류하는데, 지근은 미오글로빈의 함량이 높고, 미토콘드리아가 많은 적색근으로, 지속적인 수축력, 높은 산소 요구량, 우수한 산화능력으로 지구력이 필요한 운동에서 발달하는 근육이다. 즉, 사람의 골격근에서 자세를 유지하고 체간의 근육에 많으며, 마라톤 선수, 크로스-컨트리 선수(Cross-country skier)에게 많이 발달되었다고 할 수 있다.

지근에 대해 백근은 지구력이 없으나, 순발력은 높으며, 단거리 달리기선수, 투포환선수들에서 발달되어 있으며, 신체 부위에서는 민첩하게 움직이는 하지 부분에 많이 발달되어 있다.

9.4 근육의 증강

근육의 증강이라는 것은 골격근의 힘이 커지는 것이나, 지구적인 운동능력이 늘어나는 것이다. 골격근의 힘은 근단면적, 즉 골격근의 두께, 양에 의해 결정되고, 순발력을 높힐 수 있으며, weight training과 같은 자신의 체중에 높은 부하를 걸어서 운동을 하는 저항훈련을 할 수 있다. 골격근량의 증가는 근섬유 수가 증가하고, 근섬유가 굵어지는 것이다. 근섬유 수가 증가하는 것을 hyperplasia, 근섬유의 수는 늘어나는 것이 아니라 근섬유 하나하나가 굵어지는 것을 hypertrophy라 한다.

골격근에서 지구운동능력을 높이기 위해서는 유산소적 에너지를 생산을 위한 미토콘드리아 양을 증가시켜야 한다. 그 때는 에너지원이나 산소공급에 필요한 혈관들이 발달하여야 하고, 세포에게 에너지 기질을 들여보내기 위한 각종 담체들도 동시에 발달되어야 한다.

9.4.1 골격근

(1) 골격근 발생

골격근은 형태적으로 복잡한 기관이며, 다양한 세포의 3차원적 조직으로 발생 과정은 세포(근아세포)의 증식, 분화, 세포융합(다핵의 근육기관 형성, 또는 조직화), 성숙이라고 하는 경로를 따라간다.

골격근 형성은 Myod라고 하는 단백질에 master regulator라는 골격근 형성 유전자에 의해 유도되며, Myod 이외에도 다른 단백질들도 있어야 유전자가 발현되는 것으로 되어 있다.

근육수축에 중요한 횡문근의 수축 특성을 결정하는 것은 미오신 중쇄(myosin heavy chain, MHC)이다. MHC는 골격근을 형성하고, ATP를 운동으로 변환시키는 활성의 본체로, MHC는 개체의 발생에서부터 성숙까지의 시간, 또는 체내의 부위마다 다른 isoform이 발현하는 조절을 받아들이고 있다.

(2) 골격근의 발달과 호르몬

갑상선호르몬은 MHC 발현에 영향을 주어, 골격근 발생 초기에는 갑상선호르몬 농도는 매우 낮으나 성장과 더불어 그 농도는 점차 높아진다. 골격근 발달기에서는 갑상선호르몬은 골격근의 성숙을 촉진함과 동시에, 성장해서는 기초적인 대사량을 조절하는 기능을 한다. 또한 갑상선호르몬 농도 감소는 지근형의 근육으로 변환을 유도하고, 역으로 갑상선호르몬 농도의 증대는 속근형으로의 변환을 유도한다.

신체의 단백질 합성을 높이는 호르몬을 anabolic hormone이라고 하고, 단백질이 증가함으로써 골격근 단백질량도 증가하는 것이다. 이와 같은 작용을 하는 호르몬으로서, 성장호르몬, 인슐린 같은 성장인자(insulin-like growth factor, IGF), 남성호르몬(androgen)등이 있다.

특히 IGF-I는 성장호르몬에 의해 골격근과 강력한 관련성이 있는 것이고, 테스토스테론(testosterone)은 강력한 단백질 동화작용을 가지고 있으며, 훈련을 한 골격근에서만 테스토스테론의 수용체가 증가하고 감수성이 높아져서 골격근 비대에 효과적인 것으로 井上和生은 설명하고 있다.

(3) 골격근과 훈련

운동으로 대사관련 효소, 전사 인자, 면역 조절 인자 등의 유전자 발현이 유의적으로 증가하였음이 보고되었으나, 운동이 한창일 때에는 유전자 발현의 대부분은 억제되고, 운동 종료 후 회복기에 유전자 발현이 촉진된다고 하나 그 기전은 규명되지 않고 있다. 이런 결과는 저항운동에서도 유사한 결과였다.

이상과 같이 골격근의 발생은 매우 복잡한 이론으로 새로운 연구분야에서 상세히 다루어져야 한다고 생각된다.

9.5 지구력

지구력도 근력과 마찬가지로 체력으로 운동을 지속할 수 있는 능력이다. 지구력 유지에는 크레아틴 인산, 글리코겐의 무산소적·유산소적 분해, 탄수화물과 지방의 유산소적 분해, 지방에 의한 에너지 공급 능력을 증대되고, 이미 호흡교환비 즉 호흡상으로 강도 높은 운동과 강도 낮은 운동시에 에너지원이 되는 영양소도 알려져 있다

여기에서 증가시킬 수 있는 것은 훈련을 통한 글리코겐 loading과 산소섭취량이다. 따라서 이에 대해 서술하고자 한다.

9.5.1 지구력과 최대 산소섭취량

유산소적 대사에 필요한 산소는 호흡으로 들어오고, 흡입된 산소의 양을 산소섭취량이라고 부른다. 운동을 시작한 후 산소섭취량은 증가하여 1~2분 내로 일정치가 되는 정상상태가 된다.

정상상태, 즉 안정상태는 운동을 하는 데 필요한 산소의 양인 산소수요량이과 호흡으로 들어온 산소인 산소섭취량이 평형을 이루고 있는 상태로 운동을 끝마치면, 산소섭취량은 서서히 감소하는 회복기에 드는데, 이 회복기의 산소섭취량이 운동 개시전의 산소 부족과 거의 일치하기 때문에 산소부채량이라고도 한다.

산소섭취량은 운동강도와 직선의 관계를 성립하지만 어느 강도 이상에서부터는 산소섭취량이 증가하지 않는데 이 시점의 산소섭취량을 최대 산소섭취량($VO_{2\,max}$)이라 하고, 이 강도를 넘으면 무산소적 대사비율이 높아진다

최대 산소섭취량은 체중 1 kg당 1 분간에 섭취하는 산소의 양으로, 일반인은 40~50 mL/kg/min이다. 장거리선수나 스키 거리 경기의 남자선수에서는 70~80 mL/kg/min, 여자선수에서는 60~70 mL/kg/min으로 일반인에 비해 높은 값을 보인다.

中谷昭는 마라톤 경기 성적과 $VO_{2\,max}$ 관계에서 $VO_{2\,max}$가 50~60 mL/kg/min의 선수는 마지막 지점까지 3시간 이상이 걸렸으나, $VO_{2\,max}$가 70 mL/kg/min이상의 선수들은 2시간 30분으로 주파하여, $VO_{2\,max}$가 높을수록 지구적 운동능력도 높다고 설명한다.

산소섭취량은 $VO_2 = Q \times (CaO_2 - CvO_2)$으로 계산되며, VO_2는 산소섭취량, Q는 매분 심박출량, CaO_2는 동맥산소함유량, CvO_2는 혼합정맥산소함유량이다. 즉, 심장으로부터 송출된 혈액량 Q가 많아지면 많아질수록 동맥의 산소농도 CaO_2가 높아지고, 조직에서는 산소 이용이 많이 되고, 정맥의 산소 농도(CvO_2)는 낮아지는 만큼 VO_2는 증가하는 것이다. 이와 같이 각각의 조건이 최대한으로 발휘되었을 때에 $VO_{2\,max}$가 얻어지는 것이다.

9.5.2 스포츠 심장

매분 심박출량은 1분간에 심장에서 전신으로 나가는 혈액량으로, 심실 수축 1회에 나가는 혈액량(1회 박출량)과 1분간 심장 박동수(심박수)의 곱으로 계산할 수 있다. 안정시에는 매분 심박출량이 약 5 L이나, 운동강도가 높아지면 증가하여 30~40 L에 달하는 경우도 있다. 그 최대치를 최대매분 심박출량이라고 부르고, 최대 매분심박출량은 $VO_{2\,max}$와 높은 상관관계로 최대 매분박출량이 높으면 높을수록 지구적 운동능력이 높다고 한다.

그러나 운동선수에서 나타나는 최대 매분심박출량은 최고심박수가 높아서가 아니고, 1회의 박출량이 많은 것이 주요인이므로 심장의 비대, 특히 좌심실의 비대에 의한 것으로 "스포츠 심장"으로 부른다.

따라서 훈련에 의한 좌심실의 비대는 최대 매분심박출량을 증가시켜 최대 산소섭취량을 증가시킬 수 있어 지구력을 향상시킬 수 있다

9.5.3 동맥산소함량(CaO_2)

1분자의 헤모글로빈은 4분자의 헴철을 가지고, 이 철에 산소가 결합되어 있어, 헤모글로빈은 폐를 통과할 때 거의 100% 산소와 결합한다. 따라서 적혈구수나 헤모글로빈 농도가 높을수록 동맥산소함량이 높아진다

中谷 昭는 총헤모글로빈량과 treadmill의 주행시간과의 관계에서 총헤모글로빈양이 높아질수록 운동시간이 길어지는 것을 보고했고, 또한 운동선수는 총헤모글로빈량이 일반인보다 높고, 주행거리도 길었다고 한다.

또한 고도가 높은 지역에서 훈련을 하면 적혈구수나 헤모글로빈 농도가 증가되어 장거리선수 등은 시합 전에 높은 곳에서 훈련하여 산소운반능력을 증가시킨다고 한다.

9.5.4 지구력과 근육글리코겐 함량

골격근에 저장된 글리코겐은 지구적 운동시에는 중요한 에너지원이다. 중강도 이상의 운동에서는 글리코겐이 고갈된 시점과 피곤(all-out)해하는 시점이 거의 일치하기 때문에 운동 전에 글리코겐 축적은 중요하다.

지구적 훈련은 지방조직에서 노르에피네프린 등이 지방을 분해하여 유리지방산과 글리세롤로 분해하여 혈중으로 방출하는 능력을 증가시키고, 동시에 골격근에서 지질대사 관련 효소의 활성을 높여 지질 이용을 증가시키므로 글리코겐을 절약하여 운동시간을 늘릴 수 있다.

9.6 근육과 식이섭취

근육은 단백질이 합성과 분해의 turn over를 늘 반복하고 있기 때문에 단백질 섭취는 근육 증강과 관계가 있으며, 아미노산의 필요량이 충족되면, 단백질 섭취는 근육 증강에는 효과가 크지 않다고 한다. 또한 근육 증강을 위한 단백질 섭취에는 탄수화물이 부족해지면 근육의 분해가 일어나므로 충분한 에너지를 섭취하는 것이 전제되어야 한다. 伏木亨은 weight training 선수에게 권장섭취량인 0.8 g의 3배를 섭취시켰더니 근육이 증가되었다는 보고를 소개하면서, 많은 단백질 섭취는 암모니아의 생성으로 신장에 부담을 주므로 일반인의 1.5~2배 정도가 적합하다고 하였다.

이 정도의 양은 단백질 함량이 높은 식품을 섭취하면 충분하지만, 필수 아미노산 조성이 좋은 계란, milk casein, 대두단백질도 좋다고 한다.

한편, 분지쇄 아미노산인 발린, 류신, 이소류신은 근육 합성이나 근육에서 단백질 분해를 완화하는 대두단백이나 밀단백질을 이용하는 것이 좋고, 분지쇄 아미노산을 포함한 아미노산 혼합물도 이용할 수 있다.

제 10 장 운동과 체중 조절

비만은 섭취 에너지가 소비 에너지보다 많아 지방세포에 축적되는 것으로, 지방세포의 축적시기가 지방세포의 수가 증가하는 세포 증식형과 세포 비대형이 되는 시기가 가장 치료하기 어려운 비만으로 되는 시기이다.

지방세포는 축적된 상태로 있다가 에너지 생산에서만 활동하는 것이 아니고 각종 생리물질을 분비함으로써 비만 치료의 중요성을 인식하게 하는 근원이며, 지방세포는 여성호르몬인 에스트로겐의 분비로 여성 생리에도 중요한 역할을 하나 여성암의 주요 인자로 연구 보고 되고 있다.

비만세포 치료에는 식이요법과 운동요법 외에도 행동 수정 등 많은 방법이 권장되고 있으나 이 장에서는 운동을 통한 비만 치료, 즉 운동과 체중 감량에 대해 소개하려고 한다.

10.1 비만과 지방세포

비만의 원인인 지방세포는 중성지방을 합성하여 저장하고 있다가 필요시 다른 조직이나 기관에 공급하는 에너지 저장고로 인식되어왔으나 염증 관련 물질의 분비는 비만을 경계해야 할 주요 원인이 되고 있다.

10.1.1 지방세포의 분비 물질

지방세포에서 생성, 분비되어 다양한 신호 전달에 관여하는 여러 단백질들을 '아디포사이토카인'이라 하는데, 비만은 지방조직으로 대식세포가 침투하여 염증화되고, 지방세포 자체도 염증성 사이토카인과 여러 급성기 단백질들을 생산하므로 비만시에는 아디포사이토카인은 증가하여 만성 염증 상태가 된다.

아디포사이토카인은 TNF-alpha, leptin, Interleukin-6, plasminogen 활동체 억제제-1, adiponectin, resistin 등으로 이들은 체내의 에너지 상태에 따라 민감하게 발현이 조절된다.

10.1.2 아디포사이토카인과 염증

지방세포에서 분비되는 아디포사이토카인들은 중추신경계와 주변기관에 직간접적으로 작용하여 인슐린 민감도, 지방산 산화나 당대사, 식욕 조절 또는 염증 반응을 매개한다. 또한 간에서 생성되는 C-Reactive protein(CRP)와 아미노산 대사물질인 homocystein(Hcy)은 Interleukin-6와 같은 아디포사이토카인에 의해 생성이 조절되고, 이들 CRP와 Hcy는 동맥경화성 심혈관 질환의 예측인자이다.

염증은 생체조직에 세균 감염, 화학적 물질들이 침습하면 손상 부위를 재생하려는 반응이나, 과도하고 지속적인 염증매개물질의 발현은 만성 염증질환 및 종양 등의 유발원인이 된다.

염증이 생기면 사이토카인, nitric oxide(NO), prostaglandin E2(PGE2) 등을 생산하고, 여기에서 생성된 NO는 박테리아를 제거하기도 하나 과도한 NO는 조직의 손상, 유전자 변이, 신경 손상을 유발한다.

즉, 지방세포 자체가 염증 유도 물질을 지속적으로 생성하고 있고, 인체는 산화적 스트레스로 발생하는 활성 산소도 염증을 유발한다. 특히 TNF-alpha는 활성 산소 생성을 유도하여 염증 및 지질 과산화 및 단백질, 탄수화물 및 DNA 산화에 의한 혈관 순환계 질환, 암 발생 및 피부 노화 등 다양한 질환에 관련된 것으로 보고되었다. 특히 장내의 주위에 지방이 축적된 내장지방형의 비만은 대사증후군의 원인을 제공하기도 하나 이 내장지방은 운동으로 감량되기 쉬운 지방이어서 체중 감량에 희망적이다

10.2 감량이 필요한 비만

내장지방은 피하지방보다 대사증후군과 관련이 깊은 것으로 내장지방이라는 것은 장간막 지방, 문맥계에 존재하는 지방조직으로 피하지방과는 다르고, 정맥이 직접 간장으로 유입되는 지방조직이다. 내장지방 축적은 심장의 확대나 고혈압과 관련이 크다. 특히 소아, 혹은 사춘기 비만에서는 지방세포의 수가 늘어나기 때문에 운동으로 감량하기가 어렵지만 지방세포 비대형인 노인들의 비만은 운동이나 식사요법으로 감량이 가능하기 때문에 본인의 노력 경과에 따라 어느 정도 감량이 가능하다.

비만 판정에는 여러 가지 방법이 소개되고 있으나 BMI 지수와 지방세포와 근육세포의 저항차로 측정하는 In body로 비교적 정확하고 신속하게 측정할 수 있다

즉, BMI=체중/kg/(신장 m)^{2}이고, BMI의 정상범위는 남자는 20~25, 여자는 19~23으로 되어 있고, 거의 27 이상은 비만으로 판정한다.

내장지방 축적 판정과 복부비만 등은 In body로 측정한 데이터를 분석하여 비교적 정확하게 판정된다.

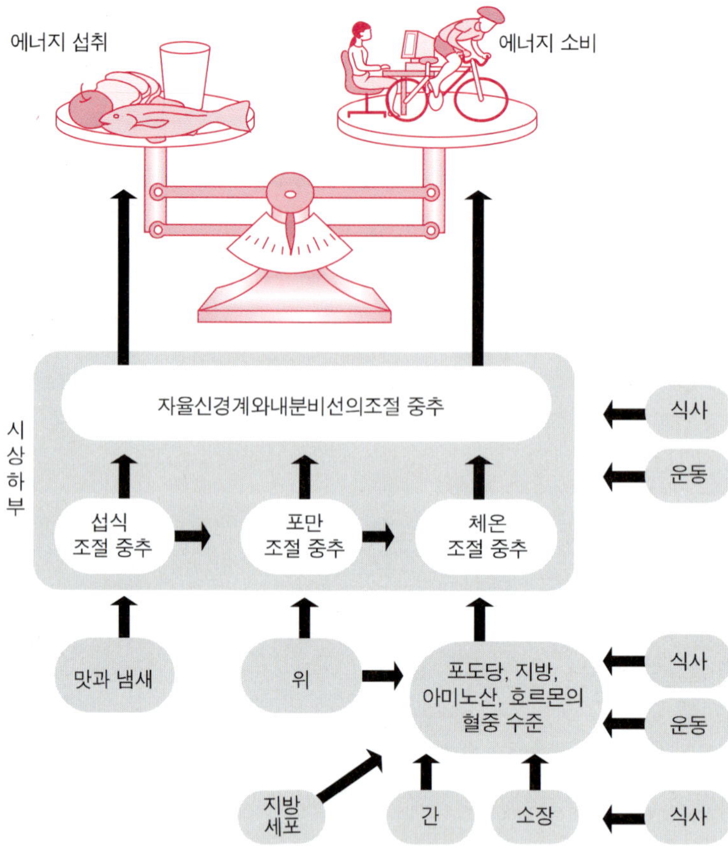

그림 10-1 체중의 기본 조절 기전

그림 10-1에 나타낸 바와 같이 식품섭취(에너지 섭취)와 안정시 대사(에너지소비)의 조절은 주로 뇌의 시상하부에 의해 제어된다. 시상하부의 많은 조절 중추들은 포도당과 기타 영양소들의 혈중 농도와 같이 신체로부터 피드백되어 영향을 끼친다. 차례로 식품 섭취와 에너지 소비가 시상하부에 영향을 미치게 된다. 예를 들어 운동이 시상하부를 자극할 것이고, 체내의 내분비선에 의해 여러 가지 호르몬이 분비된다. 또한 운동의 효과는 체온 조절 중추와 여러 가지 영양소의 혈중 농도에 영향을 미칠 것이며, 차례로 시상하부에 영향을 미칠 것이다.

10.3 비만과 기초대사량

음식의 섭취량과 운동과의 균형을 유지하면 건강을 유지할 수 있다. 이 균형이 깨지면 마르기도 하고 비만이 된다. 사람이 소비하는 에너지 중 기초대사는 총에너지소비량의 약 70% 정도로 안정상태를 유지하기 위한 대사량이다. 기초대사량은 제지방체중(근육 등), 연령, 성별, 교감신경활동에 의해 영향을 받고 특히 교감신경활동 저하가 비만이 되기 쉽다

열생산에 총에너지소비량의 약 15%이 필요하고, 이것은 음식 섭취, 추위, 스트레스 등에 의해 영향을 받는다. 활동 에너지인 신체활동은 총에너지소비량에 15% 정도를 차지하며 운동량에 크게 좌우된다.

에너지소비에서 차지하는 비율이 가장 큰 기초대사는 제지방량, 즉 근육량에 영향을 받기 때문에 근육량을 늘리는 것은 에너지소비를 증가시키고, 비만을 줄일 수 있는 근본대책이라 할 수 있다.

비만 치료에서 가장 경계할 문제가 요요현상으로 체중 감량을 1주일에 1 kg 이상 감량시킬 정도의 음식을 섭취하면 인체가 필요로 하는 포도당을 충족시킬 수 없어 근육단백질이 분해되어 공급한다.

근육단백질의 분해로 활성이 큰 근육조직의 감소는 기초대사율을 감소시키므로 감량 프로그램이 종료된 후 체중이 더 쉽게 증가하여 비만을 가중시키는 결과를 주의해야 한다.

10.4 운동을 통한 비만 치료

체중 감량은 식사요법, 운동요법을 병행하는 것이 효과적이며, 체중의 감소는 1주일에 체중의 1% 체지방을 줄이는 것을 목표로 하고 시행하는 것이 좋다.

운동요법은 운동의 종류, 강도, 빈도 및 지속시간을 개인의 신체적 여건에 맞춰 잘 선택하여 즐겁고 편하게 시행할 수 있도록 해야 한다.

(1) 체중 감소와 유산소 운동

체중 감량을 위해서는 유산소 운동을 하여 지방조직의 크기를 줄이는 것으로, 큰 근육을 20분 이상 사용하는 걷기, 수영, 자전거 타기 등이다.

유산소 운동을 너무 심하게 하면 인체는 무산소 상태로 전환되어 포도당을 에너지원으로 사용하게 된다.

유산소 운동은 지방세포를 연소시켜 열량을 소비하고, 운동 종료 후에도 계속 열량을 더 연소하게 하여 대사율을 높이기 때문에 효과적이다.

지속적인 운동으로 근육조직이 늘면 기초대사율이 증가해서 휴식 중에도 열량이 더 소비되며, 식욕 증가도 없어 식품 선택이 자유로와 감량 상태를 유지하기에 효과적이다.

(2) 체중 감소와 무산소 운동

무산소 운동은 산소공급을 초과하는 운동으로 체지방이 연소되는 것은 아니지만 근육조직을 증가시켜 대사율을 높이므로 체중 감소에 기여한다.

(3) 체중 감량과 강도

체중 감량을 위한 운동강도는 최대 심박수(220－자기 나이)의 70～80%로 1주일에 3～5회, 그리고 한번에 사용하는 열량은 300 kcal 정도를 소비하도록 하고 강도에 따라 30～60분간 시행하는 것이 좋다.

10.5 운동과 식이요법의 병행

스트레스로 인한 과식 등의 비만에서는 주된 요인을 찾아내고, 기분을 전환하기 위해 운동을 시작하는 것이 중요하다

비만 치료의 기본은 식사요법과 운동요법인데, 식사요법만으로는 1～2개월 지나면 체중 감량이 정체되기 때문에 운동요법을 병행하는 것이 효과적이다.

체중 감량 목표는 표준 체중을 기준으로 하여 식사요법으로 2개월간에 3~4 kg을 감량하고 그 후는 운동요법으로 1개월 동안 1~2 kg의 감량을 목표로 하는 장기적인 계획을 짜야 한다.

비만 예방과 감량 목적의 운동에는 다음과 같은 점에 주의해야 한다.

① 운동에 의한 소비 에너지가 예를 들면 보행의 경우에 20분에 80 kcal(밥 공기 반, 55g)나 소모되므로, 운동으로 곧 감량될 것으로 속단하지 않아야 한다.

② 운동은 언제, 어디서든지 혼자서 할 수 있는 운동을 선택하여, 걷기 중심으로 체조, weight training, stretching 등을 조합해서 한다.

③ 일생 동안 반드시 몸에 익혀, 즐기면서 체중을 감량하는 것을 목표로 한다.

④ 운동을 반드시 습관화하여, 운동으로 교감신경을 자극하여 비만이 되지 않으려는 결심을 한다.

⑤ 하루에 운동으로 소비되는 에너지는 중년 남자에서는 300 kcal, 여자는 200 kcal이다.

⑥ 식사요법의 원칙은 적절한 에너지섭취량을 정확히 알고 영양소는 균형 잡히도록 하고, 지금 섭취하고 있는 에너지보다 적은 양을 섭취하는 것이 실천하기 쉬운 방법이다.

즉 표준 체중에 20~25(kcal/day)로 계산하는데 남성은 1600 kcal/day, 여성에서는 1400 kcal/day 정도를 유지하도록 하고 영양소 배분은 탄수화물은 60%, 단백질 20~25%, 지질 10~15%로 단백질을 지방보다 더 섭취하도록 한다.

식습관 교정은 간식, 한꺼번에 많이 먹는 식사, 야식 등을 하지 말고 시간을 정해서 규칙적으로 3식으로 섭취하는 것이 중요하고, 아주 낮은 열량식의 감량요법은 의사의 지도가 필수적이라 하겠다.

10.6 다이어트와 운동

다이어트는 식사의 양을 줄여 감량하는 것으로 영양소의 균형을 맞춘 적정량의 식사를 취해야 하나 극단적으로 섭취를 제한하면 필요한 단백질의 부족으로 근육량이 저하되는 것이다. 이런 현상은 외관상 체중 감소 효과는 있으나 지방은 감소하지 않고, 근육량 감소로 기초대사가 저하되어 체중 조절은 더욱 어렵고 체중의 일시적인 감소와 증가가 반복되는 요요현상에 빠진다.

한편, 근육을 움직이는 운동은 비만인에게 낮아지기 쉬운 교감신경계를 활발하게 하여 에너지소비를 증대시킴과 동시에 호흡 순환기계, 내분비대사계, 뇌신경계, 골관절계 등 많은 장기, 조직에 전신적으로 호르몬 작용 등에 체중 감량에 효과적인 영향을 미친다. 그 외에도 근육량의 증대로 기초대사가 증가하여 안정시, 즉 운동하지 않는 때에도 에너지소비가 늘어 결과적으로 효과적인 감량이 된다.

비만에 대한 운동의 효과로서는 인슐린 저항성 개선과 스트레스 해소 등이 이 있다.

운동에 의한 체중 감량에서 체지방은 감소하나 근육은 비대하고 그 차이가 체중 감소이므로 실제로는 체중 감소보다 체지방의 감소가 크다. 이런 효과는 체중 감량에 효과적이므로, 다이어트만하는 것보다는 운동요법이 근복적인 해소방법이 된다.

참/고/문/헌

1. 김정희 외 공저. 운동과 영양. 파워북. 2011.
2. 김현숙 외 공저. 21세기 스포츠 영양. 교문사. 2001.
3. 박인국. 생화학 길라잡이. 라이프사이언스. 2006.
4. 방병호 외 공저. 최신 생화학. 진로. 2009.
5. 伏木亨 외 공저. 운동과 영양과 식품. 조창서점. 2007.
6. 伏木亨 공저. 스포츠와 영양과 식품. 조창서점. 2010.
7. 성동진. 스포츠영양학. 홍경. 1997.
8. 원등극기. 영양의 생화학 123. 남강당. 1999.
9. 이명숙 최승옥. 비만과 스포츠 영양. 성신여대 출판부. 2003.
10. 이명천 외 공저. 운동영양학 길라잡이. 라이프사이언스. 2009.
11. 이연숙 외 공저. 이해하기 쉬운 인체생리학. 파워북. 2011.
12. 이향련 외 6인 공저. 성인간호학. 수문사. 2010.
13. 최병범 이혜정. 영양화학. 신광출판사. 2006.
14. 최혜미. 21세기 영양학 원리. 교문사. 2011.
15. 한국영양학회. 한국인 영양섭취기준 개정판. 2010.
16. 황정종일. 기능성 식품의 연구. 학회출판 센터. 1996.
17. Astrand PO, Rodahl K. Textbook of Work Physiology, 3rd ed. McGraw Hill. 1988.
18. Ball-Burnett M, Green H, Houston M. Energy metabolism in human slow and fast twitch fibers during prolonged cycle exercise. J Physiol 437 : 257-267. 1991.
19. Shiler D, Butler J, Lewis R, Hole's human anatomy & physiology. McGraw Hill. 1999.
20. Niki E, Yoshikawa T, Osawa T. Recent devleopment of food factors for the disease prevention. CMC. 1999.
21. Gladden B, Stainby W, Maclntosh B. Norepinephrine increases canine muscle O2 during recovery. Med Sci Sports Exer 14 : 471-476. 1982.
22. Hoffman CJ, Coleman E. An eating plan and update on recommended

dietary practises for the endurance athlete. J Am Diet Assoc 91 : 325. 1991.

23. Jeukendrup A, Gleeson M. Sport Nutrition, 2nd ed. Human Kinetics. 2010.
24. Ladu M, Kapspas H, Palmer W. Regulation of lipoprotein lipase in muscle and adipose tissue during exercise. J Appl Physiol 71 : 404-409. 1991.
25. McArdle WD, Katch FI, Katch VL. Exercise Physiology, 4th ed. Lippincot Williams & Wilkins. 1996.
26. McMurray RC, Anderson JJB. Introduction to nutrition in exercise sports, 2nd ed. 1994.
27. Melvin H. Williams, Nutrition for Health, Fitness, & Sports, McGraw Hill International Edition, 2007.
28. Romijin JA, Coyle EF, Sidossis LS, gastaldelli JF, Horowitz EE, Wolfe RR. Regulation of endogenous fat and carbohydrate metabolism in relation to exercise intensity. Am J Physiol 265 : 380-391. 1993.
29. Saltin B, Gollnick P. Fuel for molecular exercise : Role of carbohydrate. Mcmillian. 1988.
30. Snyder WC, Connett RT. Nutritional concerns of recreatonal athletes who cross-train. CRC press. 1995.
31. Stanley WC, Connett RT. Regulation of muscle carbohydrate metabolism during exercise. FASEB J 5 : 2155. 1991.
32. Wahren J. Metabolic adaptation to physical exercise in man. grune & Stratton. 1979.
33. Williams MH. Nutrition for Health, Fitness & Sport, 9th ed. McGraw Hill. 2010.

찾/아/보/기

운동영양학

초판발행 | 2012년 2월 20일
초판인쇄 | 2012년 2월 27일

지 은 이 | 최병범 · 이혜정
발 행 인 | 이성범
발 행 처 | 문운당
주 소 | 서울시 종로구 혜화로5길 16 (명륜1가 45-3)
출판등록 | 1962년 7월 4일 제 1-139
전 화 | (02)762-6010
팩 스 | 영업 (02)745-0265 / 편집 (02)762-8758
홈페이지 | http://munundang.co.kr
이 메 일 | munun2@chol.com

ISBN 978-89-7393-841-4 93590

정가 17,000원